INHALT

Einleitung	4
Institutionen und Herrschaft	
Die Wilhelmstraße - Machtzentrum des Dritten Reichs	8
Dokumentationszentrum Topographie des Terrors	12
Unterdrückung und Vernichtung	
Denkmal für die ermordeten Juden Europas	20
Haus der Wannsee-Konferenz	25
Mahnmal »Gleis 17«	28
Jüdisches Museum Berlin:	
Der Garten des Exils und der Holocaust-Turm	31
Dokumentationszentrum NS-Zwangsarbeit Berlin-Schöneweide	34
Widerstand	
Gedenkstätte Deutscher Widerstand	39
Gedenkstätte Plötzensee	42
Museum Blindenwerkstatt Otto Weidt	44
Gedenkstätte Stille Helden	49
Peripherie	
Gedenkstätte und Museum Sachsenhausen	51
Mahn- und Gedenkstätte Ravensbrück	59
Besucherinformationen und Adressen	62
Übersichtskarte	64

Orte der NS-Diktatur
Dokumentationszentren und Gedenkstätten in Berlin/Brandenburg
Text: Dr. Frank Schmitz

Mehr als sechs Jahrzehnte nach Ende des Zweiten Weltkriegs sind die Spuren des nationalsozialistischen Regimes in Berlin noch immer sichtbar: Bombenlücken prägen das Stadtbild bis heute, zahlreiche Gedenktafeln, Erinnerungsorte, authentische Schauplätze und Denkmäler erinnern an Geschehnisse während der NS-Diktatur.

Berlin war als Machtzentrale des Dritten Reichs Standort aller wichtigen politischen Entscheidungen: NS-Politiker und Funktionäre fassten in der Reichshauptstadt Beschlüsse zur Verfolgung von Regimegegnern, die weltanschauliche Indoktrination wurde wesentlich von Berlin aus gesteuert, der Angriff auf Polen – und damit der Beginn des Weltkriegs – ging von Berlin aus. Ein Berliner Vorort war Tagungsort der Wannsee-Konferenz, deren Teilnehmer den beabsichtigten millionenfachen Massenmord an den europäischen Juden besprachen. Alle wichtigen politischen Institutionen, von der Reichskanzlei über die Ministerien bis zu den Zentralen von SS und Gestapo, hatten ihren Sitz in Berlin. Damit wurde in Berlin die Entrechtung, Verfolgung und Vernichtung von missliebigen Personen beschlossen, organisiert und verwaltet. Darüber hinaus war die Hauptstadt aber auch Ort unmittelbarer Gewaltausübung: Bereits 1933 entstanden zahlreiche provisorische Konzentrationslager im Stadtgebiet, an deren Stelle im Laufe der Zeit neu errichtete Lager außerhalb der Stadt traten, darunter Sachsenhausen und Ravensbrück. Verfolgte wurden in den Untersuchungsgefängnissen der Gestapo verhört und gefoltert, Todesurteile im Hof des Gefängnisses Plötzensee vollstreckt.

Der vorliegende Band führt seine Leser zu den wichtigsten Plätzen in Berlin und Umland, die mit der NS-Diktatur verbunden sind.

Darunter finden sich zum einen Orte der Täter, wie etwa das Dokumentationszentrum Topographie des Terrors als Standort der ehemaligen SS- und Gestapo-Zentralen oder die Wilhelmstraße als einstige Regierungsmeile.

Der Weg ins Ungewisse – Blick in das Denkmal für die ermordeten Juden Europas in Berlin.

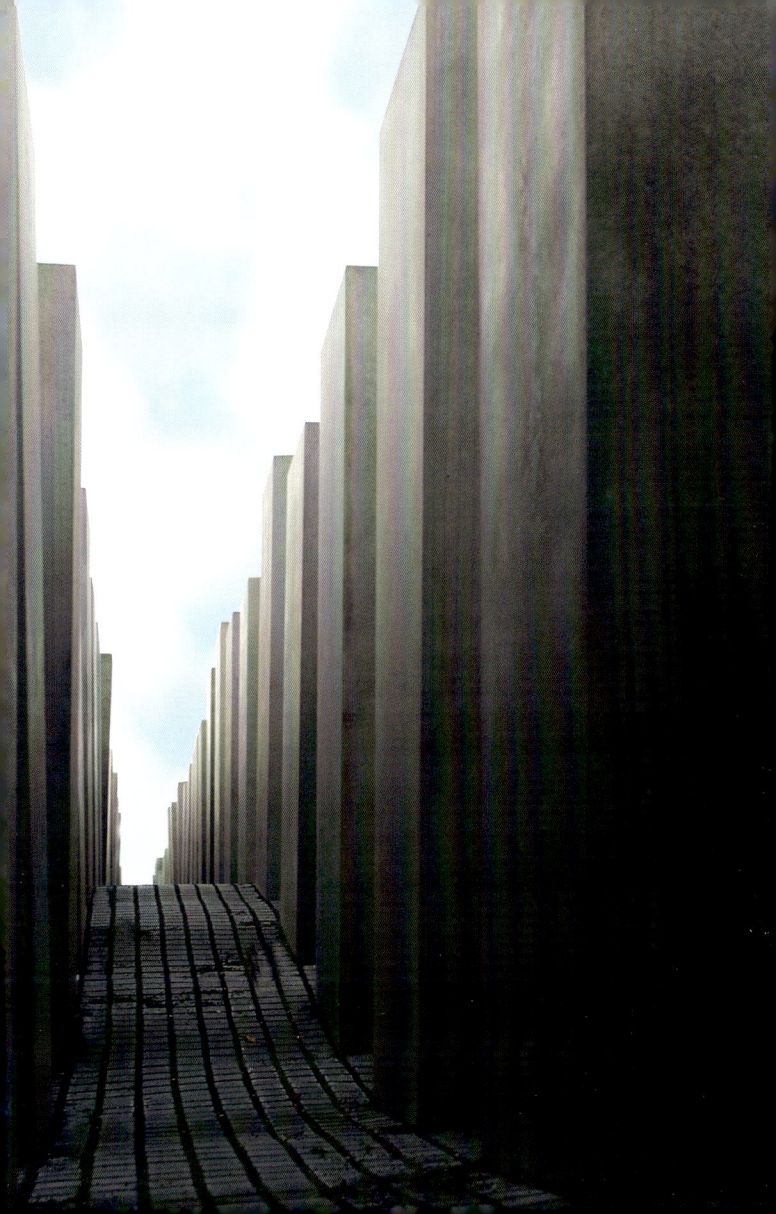

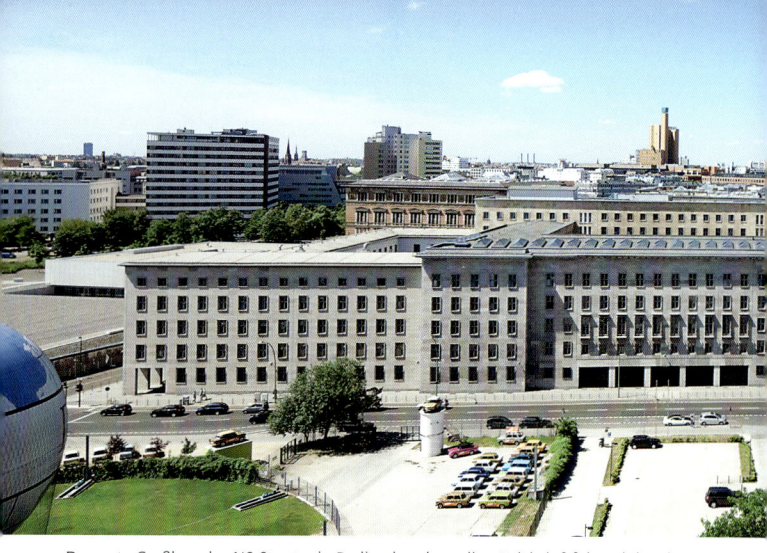

Der erste Großbau des NS-Staates in Berlin: das ehemalige Reichsluftfahrtministerium an der Wilhelmstraße, heute Bundesfinanzministerium.

Zum anderen sind Orte vertreten, die an Opfer der NS-Herrschaft erinnern, etwa das einstige Zwangsarbeiterlager in Berlin-Schöneweide oder das Museum Blindenwerkstatt Otto Weidt. Mit dem Holocaust-Denkmal und dem Jüdischen Museum Berlin werden ausdrücklich auch Einrichtungen vorgestellt, die an NS-Verbrechen erinnern, ohne gleichzeitig auch Orte von Ereignissen während der NS-Zeit gewesen zu sein. Ziel dieser Zusammenstellung ist es, einen Überblick über unterschiedliche Erinnerungsstätten zur NS-Diktatur zu geben.

Der Besucher wird innerstädtische Orte ebenso wie entlegene Plätze entdecken, er wird sowohl touristisch erschlossene Einrichtungen wie das Holocaust-Denkmal finden wie etwas abseits der üblichen Pfade liegende Stätten, darunter das Mahnmal Gleis 17 am Bahnhof Grunewald. In den meisten Fällen gibt es vor Ort die Möglichkeit, sich durch Ausstellungen, Infotafeln, Kataloge, aber auch durch Audioguides und Führungen vertiefend zu informieren. Der Band »Orte der NS-Diktatur in Berlin« ist in seinem Umfang

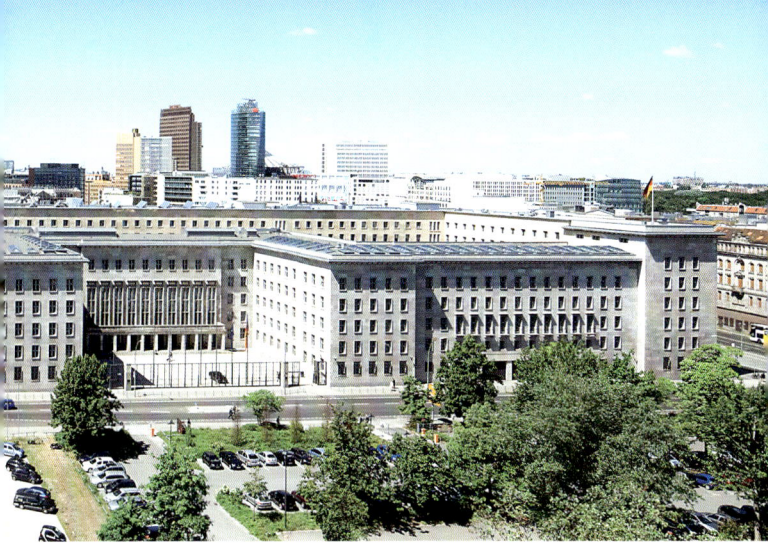

bewusst knapp gehalten; er soll als handlicher Leitfaden für eine topographische Erkundung Berlins dienen. Bei den Besichtigungen werden räumliche Bezüge deutlich: Die abgeschiedene Lage des einstigen KZ Ravensbrück, die Nähe von Regierungsmeile und Untersuchungsgefängnis der Gestapo, all das lässt sich nur durch eigene Erkundung vor Ort nachspüren. Auch den Weg durch das Stelenfeld des Holocaust-Denkmals sollte man selbst gehen, um das Gefühl zunehmender Isolation und Orientierungslosigkeit zu erleben, das sich dort einstellt.

Zu den eindrücklichsten Erfahrungen zählt vielleicht ein Besuch des Hauses der Wannsee-Konferenz: Inmitten einer noblen Wohngegend mit Blick auf die Havellandschaft besprachen hochrangige Vertreter von SS, Regierung und NSDAP die zuvor von Hitler getroffene Entscheidung, noch während des Krieges alle Juden im deutschen Einflussbereich zu deportieren und zu ermorden – schärfer könnte der Kontrast zwischen der idyllischen Erscheinung eines Ortes und seiner grauenvollen Geschichte nicht sein.

Die Auswahl im vorliegenden Band versteht sich als Anregung, die komplexe Topographie von Stätten der NS-Diktatur in Berlin zu erkunden. Darüber hinaus gibt es zahlreiche Denkmäler, Installationen, Gedenkstätten und andere Erinnerungsorte, die im Stadtbild oft erst auf den zweiten Blick auffallen und entdeckt werden wollen.

INSTITUTIONEN UND HERRSCHAFT

Die Wilhelmstraße – Machtzentrum des Dritten Reichs

Unweit des Regierungsviertels und des Brandenburger Tors liegt die Wilhelmstraße, das einstige Machtzentrum des Deutschen Reichs. Auch heute haben hier einige politische Institutionen ihren Sitz, darunter die Britische Botschaft, das Bundesministerium für Arbeit und Soziales und das Bundesfinanzministerium.

Zwischen 1933 und 1945 befanden sich an der Wilhelmstraße unter anderem die Reichskanzlei und das Propagandaministerium, das Reichsluftfahrtministerium und in unmittelbarer Nähe die Zentralen von Gestapo und SS, somit die Dienstsitze von Adolf Hitler, Josef Goebbels, Hermann Göring und Heinrich Himmler. Wichtige politische Entscheidungen wurden hier getroffen, die propagandistische Vermittlung der nationalsozialistischen Ideologie organisiert, die Verfolgung und Ermordung politischer Gegner gesteuert, die Eroberungszüge des Zweiten Weltkriegs geplant.

Seit Ende des 18. Jahrhunderts hatten sich Behörden an der Wilhelmstraße angesiedelt, die zuvor im Stadtschloss untergebracht gewesen waren. Nach der Reichsgründung, die Berlin 1871 zur Hauptstadt machte, entstanden teils prunkvolle Neubauten an der Wilhelmstraße, darunter das Auswärtige Amt und das Justizministerium, das Reichsamt des Innern, aber auch die Reichskanzlei als Sitz Otto von Bismarcks.

In der Weimarer Republik kamen weitere Institutionen hinzu, darunter der Sitz des Reichspräsidenten sowie das Landwirtschafts- und Ernährungsministerium.

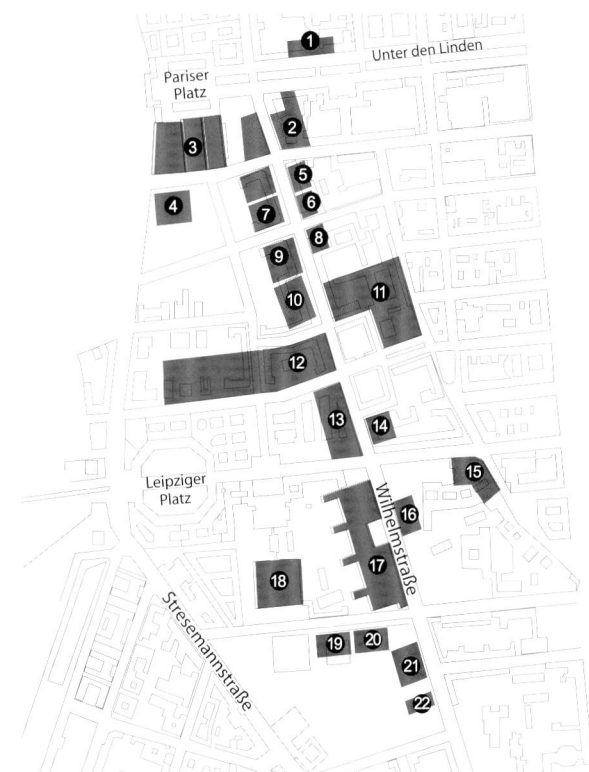

Das Regierungsviertel an der Wilhelmstraße um 1943:
① – Reichsinnenministerium; ② – Generalinspektion für das Straßenwesen / Ministerium Rüstung; ③ – Reichsministerium für Wissenschaft, Erziehung und Volksbildung; ④ – Stadtvilla Goebbels (heute Gelände des Holocaust-Denkmals); ⑤ – Reichsjustizministerium; ⑥ – Preußischer Staatsrat; ⑦ – Reichspräsidentenpalais; ⑧ – Stellvertreter des Führers; ⑨ – Auswärtiges Amt; ⑩ – Alte Reichskanzlei; ⑪ – Reichsministerium für Propaganda und Volksaufklärung; ⑫ – Neue Reichskanzlei; ⑬ – Reichsverkehrsministerium; ⑭ – Reichsfinanzministerium; ⑮ – Reichspostministerium; ⑯ – Privatkanzlei des »Führers«; ⑰ – Reichsluftfahrtministerium; ⑱ – Haus der Flieger; ⑲ – Zentrale der Gestapo; ⑳ – Reichsführung-SS; ㉑ – Reichssicherheitshauptamt; ㉒ – »Angriff«-Haus (19 bis 22 heute Gelände der Topographie des Terrors)

Mit der Machtübernahme der Nationalsozialisten und der Ausschaltung des Reichstags verschoben sich die Machtzentralen vollends in die Wilhelmstraße. Hatte es hier im 19. Jahrhundert noch zahlreiche Palais wohlhabender Bürger gegeben, nahmen nun die politischen Institutionen die Straße beinahe lückenlos ein – vom Reichs- und Preußischen Ministerium für Wissenschaft, Erziehung und Volksbildung über das Reichsjustizministerium und die Reichsleitung der NSDAP bis zum Reichsministerium für Volksaufklärung und Propaganda. Im näheren Umfeld lagen unter anderem das Reichspostministerium an der Leipziger Straße, das Preußische Landwirtschaftsministerium am Leipziger Platz und das Preußische Ministerium des Innern an der Straße Unter den Linden.

Der erste Großbau des nationalsozialistischen Staats in Berlin war das 1936 fertiggestellte Reichsluftfahrtministerium an der Wilhelmstraße. Das Gebäude des Reichspropagandaministeriums wurde durch neue Bauteile an Wilhelmstraße, Wilhelmplatz und Mauerstraße umfangreich ausgebaut. Der bekannteste Neubau im Umfeld der Wilhelmstraße war der 1938–39 von Albert Speer errichtete Erweiterungsbau der Reichskanzlei an der Voßstraße: Die bestehende Reichskanzlei war Hitler als nicht repräsentativ genug erschienen. Am südlichen Abschnitt der Wilhelmstraße bezogen die SS und die Gestapo ihre Zentralen.

Als Machtzentrum des nationalsozialistischen Regimes war die Wilhelmstraße ein besonderes Angriffsziel im Zweiten Weltkrieg. Der Endkampf um Berlin 1945 konzentrierte sich auf das Regierungsviertel, die Bauten fielen zum großen Teil in Schutt und Asche. In den letzten Tagen des Krieges nahm sich Hitler im Bunker im Garten der Reichskanzlei das Leben.

Nach Kriegsende ließen die Sowjetische Militärverwaltung und die DDR-Regierung den größten Teil der Bauten an der Wilhelmstraße beseitigen, aus praktischen wie politischen Gründen. Vor dem Abriss der Reichskanzlei-Ruine barg man den dort verwendeten Marmor und nutzte ihn zum Bau des nahe gelegenen U-Bahnhofs Mohrenstraße und des Sowjetischen Ehrenmals im Treptower Park. In der Nachkriegszeit nahmen vereinzelt politische Institutionen ihren Sitz in der Wilhelmstraße, so bezogen mehrere DDR-Ministerien das Gebäude des einstigen Reichsluftfahrtministeriums.

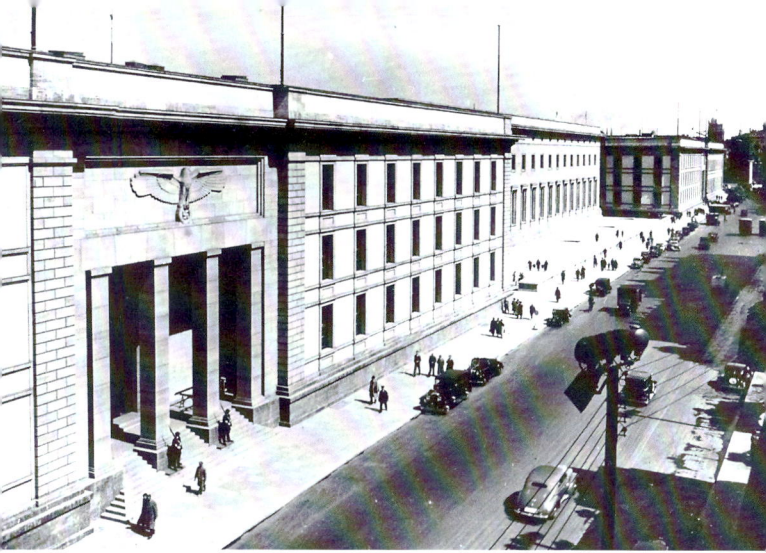

An der Voßstraße errichtete Albert Speer den Erweiterungsbau der Reichskanzlei. Foto 1940.

Der heutige Besucher findet an der Wilhelmstraße einen Informationspfad aus gläsernen Stelen mit Fotos und Texten zu den einstigen Machtzentralen, die jeweils an den (ehemaligen) Standorten der Bauten zu finden sind. Mehrere historische Gebäude sind erhalten, einige als Fragmente. Ein möglicher Rundgang durch die Wilhelmstraße beginnt im südlichen Abschnitt, hier liegt an der Ecke zur Niederkirchnerstraße das Gelände der Topographie des Terrors, auf dem Fundamentreste der SS- und Gestapo-Hauptquartiere erhalten sind.

Das unmittelbar benachbarte Bundesfinanzministerium (Wilhelmstraße 97) befindet sich im Gebäude des ehemaligen Reichsluftfahrtministeriums, das 1935–36 nach Plänen des Architekten Ernst Sagebiel entstand.

Nur einige Gebäudeteile sind vom ehemaligen Reichsverkehrsministerium an der Wilhelmstraße 79/80 (Ecke Voßstraße) erhalten, die Reste der ehemals benachbarten Reichskanzlei wurden nach Kriegsende vollständig abgeräumt. Auf der gegenüberliegenden Straßenseite befand sich das Propagandaministerium, dessen Erweiterungsbauten etwas von der Straße zurückversetzt sind (Wilhelmstraße 49 und Mauerstraße 45–52). Das Gebäude wird heute von Dienststellen des Bundesministeriums für Arbeit und Soziales genutzt.

Unweit davon unterhält das Bundesministerium für Ernährung, Landwirtschaft und Verbraucherschutz seinen Berliner Dienstsitz (Wilhelmstraße 54). In dem Gebäude aus der Kaiserzeit residierte während des Dritten Reichs Hitlers Stellvertreter Rudolf Heß, der spätere Außenminister Joachim Ribbentrop richtete hier seine Dienststelle für Rüstungsfragen ein. 1941 übernahm das Gebäude Martin Bormann, enger Vertrauter Hitlers, Chef der Parteikanzlei sowie Nachfolger von Rudolf Heß.

Weiter in Richtung Unter den Linden, an der Ecke Wilhelm-/Behrenstraße, befindet sich schließlich der große Block des einstigen Reichsministeriums für Wissenschaft, Erziehung und Volksbildung, der heute als Bürobau für Abgeordnete des Deutschen Bundestags dient.

Dokumentationszentrum Topographie des Terrors

In unmittelbarer Nähe zum politischen Machtzentrum des Dritten Reichs lagen die Hauptquartiere von SS und Gestapo. Auf dem Gelände an der Ecke Wilhelm-/Prinz-Albrecht-Straße (heute Niederkirchnerstraße) befanden sich damit die Kommandozentralen des NS-Terrors. Hier waren die Dienstsitze von Heinrich Himmler, Reinhard Heydrich und zeitweise das Büro von Adolf Eichmann. Einschüchterung, Verfolgung und Gewalt im Dritten Reich gingen wesentlich von diesem Ort aus, das System der Konzentrationslager wurde hier erdacht und von hier aus maßgeblich gesteuert. Die Gebäude sind nicht erhalten, doch lassen sich Spuren der Vergangenheit besichtigen, vor allem freigelegte Reste der Keller. Im Zentrum des Areals steht das neu errichtete Ausstellungs- und Dokumentationsgebäude der Topographie des Terrors. Der zurückhaltende, kubische Betonbau mit einer silbrigen Außenhaut aus Aluminiumstäben beherbergt großzügige, lichtdurchflutete Räume für die Dauer- und Wechselaus-

Die einstige Kunstgewerbeschule diente während der NS-Zeit als Zentrale der Gestapo. Im Zweiten Weltkrieg wurde das Gebäude stark beschädigt.

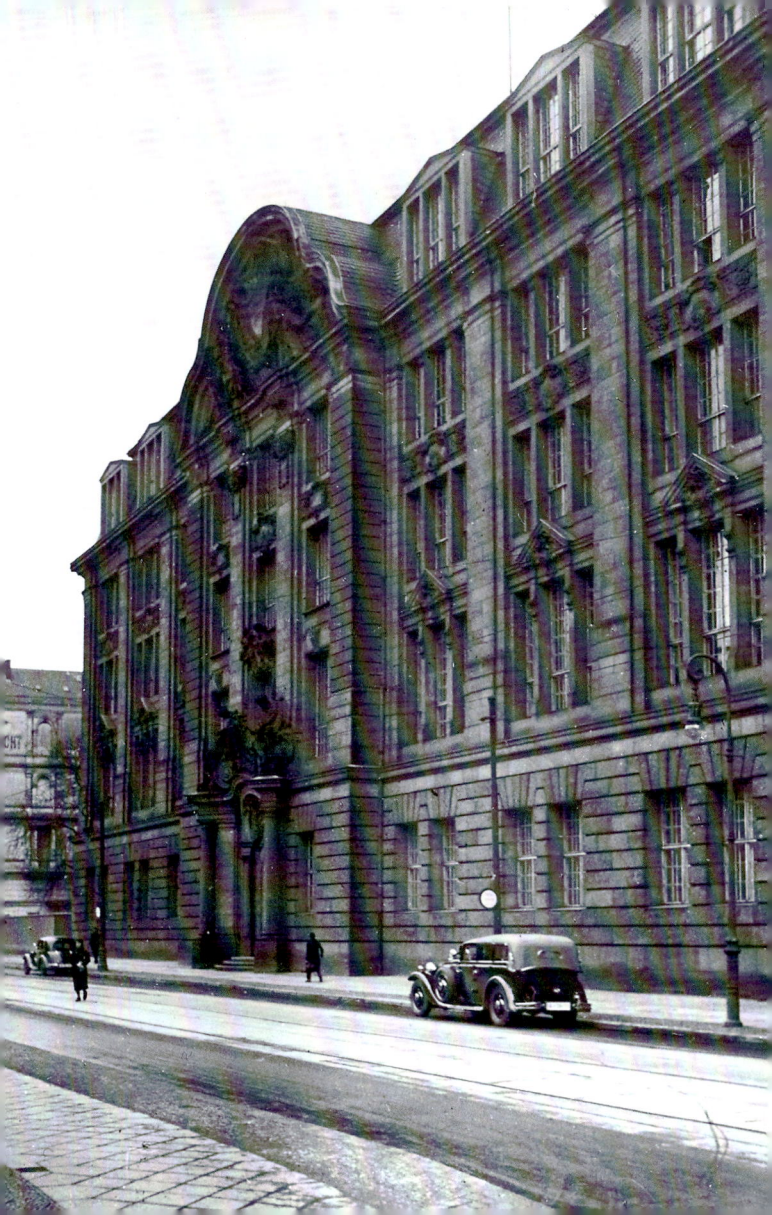

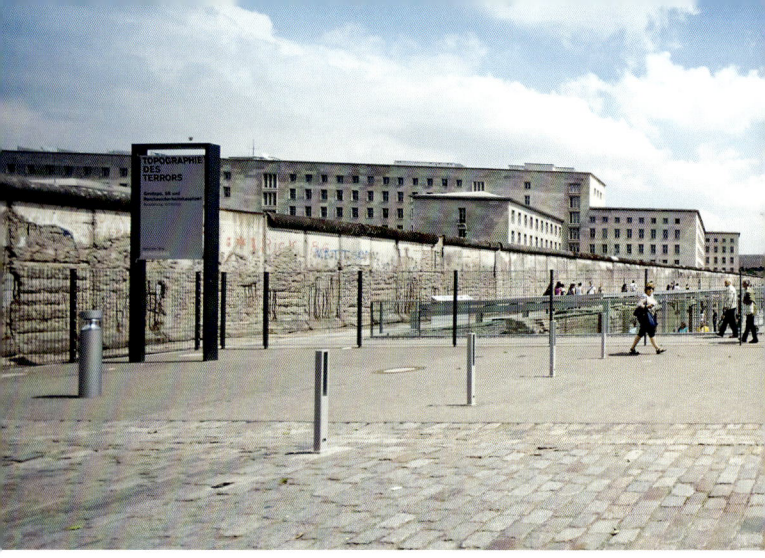

Geschichte im Panoramablick: In unmittelbarer Nähe zum einstigen Reichsluftfahrtministerium (links) und einem Rest der Berliner Mauer liegt das Dokumentationszentrum Topographie des Terrors mit seinem neuen Ausstellungspavillon (rechts).

stellungen zur Geschichte des Standortes. In dem Gebäude befinden sich außerdem eine Bibliothek für die Besucher, Vortrags- und Seminarräume sowie eine Cafeteria. Die Ausstellungen im Dokumentationszentrum und im Ausstellungsgraben an der Niederkirchnerstraße werden ergänzt durch einen Rundweg mit Schautafeln.

Entlang dieses Weges kann der Besucher das Gelände erkunden und sich an den jeweiligen Standorten über die einstigen Gebäude und ihre Nutzungen informieren. An der Wilhelmstraße stand das Prinz-Albrecht-Palais, das nach 1933 vom Sicherheitsdienst der SS bezogen wurde und später zum Dienstsitz von Reinhard Heydrich, dem Chef des Reichssicherheitshauptamtes, ausgebaut wurde. Die ehemalige Staatliche Kunstgewerbeschule in der Prinz-Albrecht-Straße 8 war seit 1933 Sitz der Gestapo.

Daneben befand sich das einstige Hotel Prinz Albrecht, das von der Reichsführung-SS genutzt wurde und in dem unter anderem das SS-Hauptamt untergebracht war. Nach dem Krieg wurden die Reste der durch Bomben

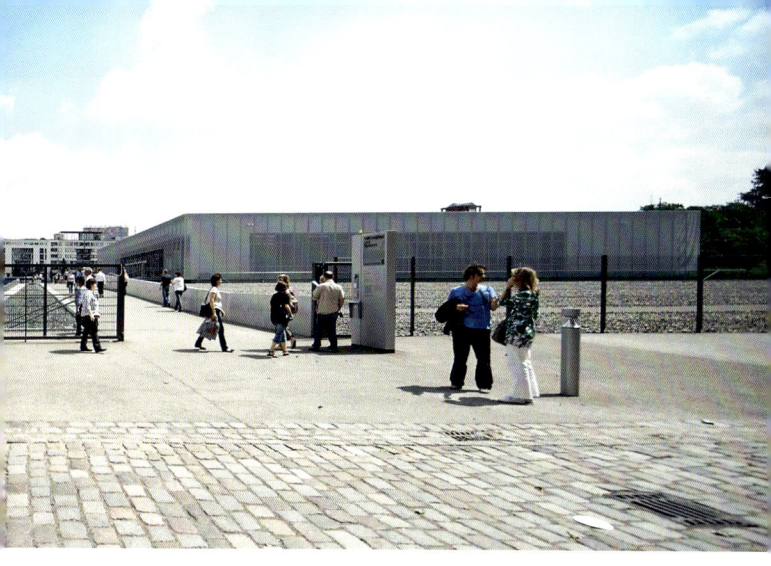

schwer beschädigten Gebäude beseitigt. Auf Teilen des Grundstücks lagerte Bauschutt, andere Bereiche dienten als Übungsfläche für Fahranfänger. In den 1980er Jahren erwachte das Interesse an dem historischen Ort. Zunächst wurde eine provisorische Ausstellungshalle neben freigelegten Kellerresten eröffnet. In der Folgezeit wurde politisch entschieden, auf dem Gelände dauerhaft ein Dokumentations- und Besucherzentrum einzurichten. Nach dem Stopp eines begonnenen Bauprojekts kam es 2005 zur Ausschreibung eines erneuten Wettbewerbs für die Neugestaltung der Topographie des Terrors mitsamt Ausstellungsgebäude. Aus dem Wettbewerb gingen die Architektin Ursula Wilms und der Landschaftsarchitekt Heinz W. Hallmann als Sieger hervor. Seit Mai 2010 sind das neue Dokumentationszentrum und das neu gestaltete Gelände für die Öffentlichkeit zugänglich. Mit seinen Ausstellungen, individuellen Rundgängen, Führungen, Seminaren und Vorträgen setzt das Dokumentationszentrum Topographie des Terrors dem Vergessen das immer neue Vermitteln und Lernen entgegen.

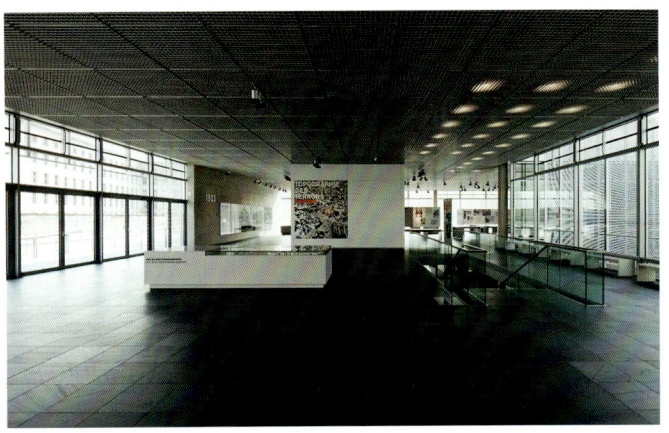

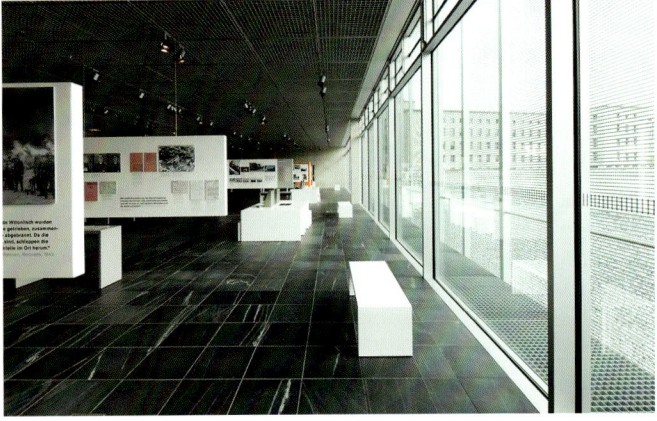

Offenheit und Großzügigkeit kennzeichnen den Ausstellungsbau der Topographie des Terrors. Hier kann sich der Besucher über die Geschichte der SS und Gestapo informieren.

Seite 18/19 Alt und Neu: Das 2010 eröffnete Ausstellungszentrum der Topographie des Terrors liegt in unmittelbarer Nachbarschaft zum Martin-Gropius-Bau und zum Berliner Abgeordnetenhaus. Im Hintergrund die Hochhäuser am Potsdamer Platz.

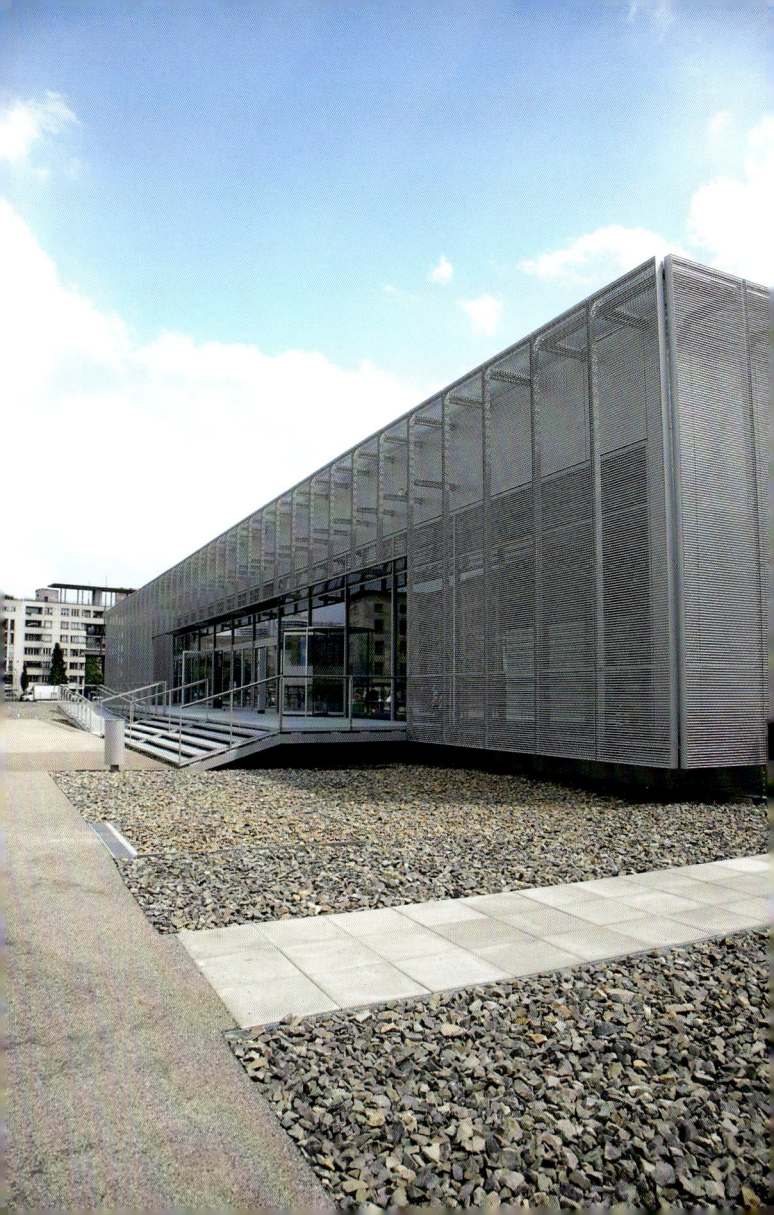

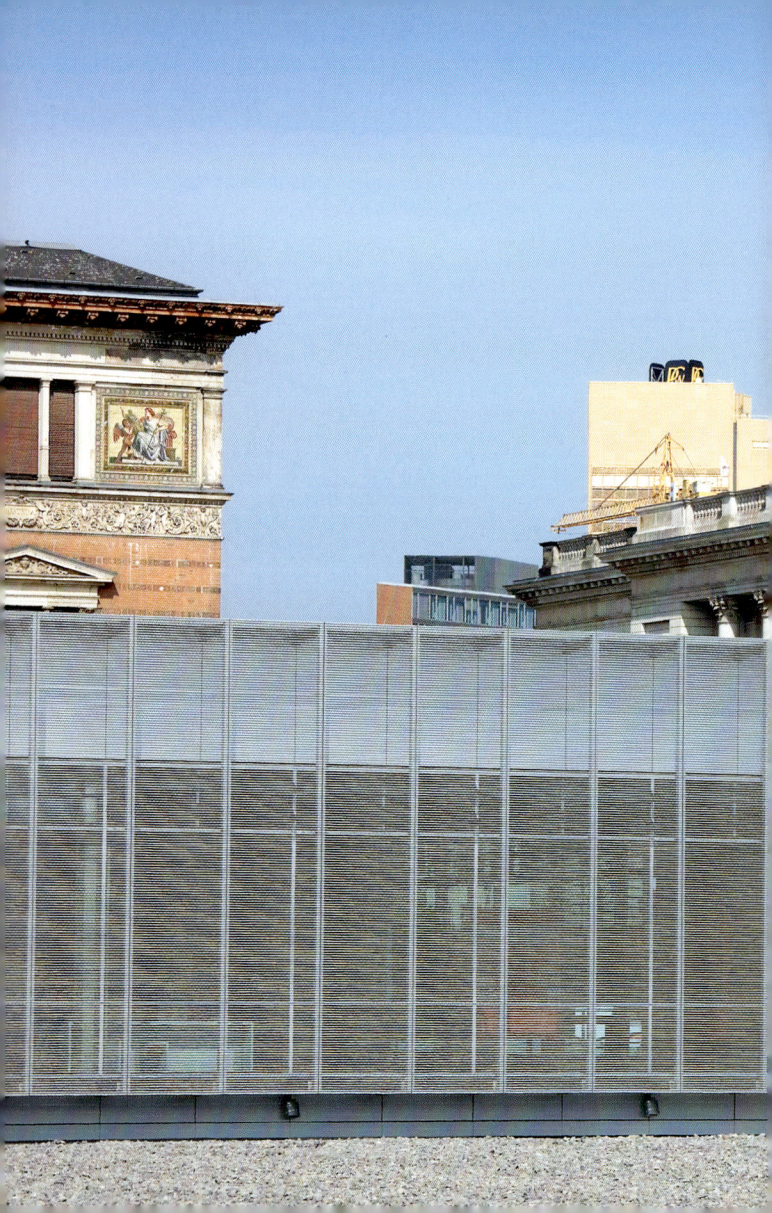

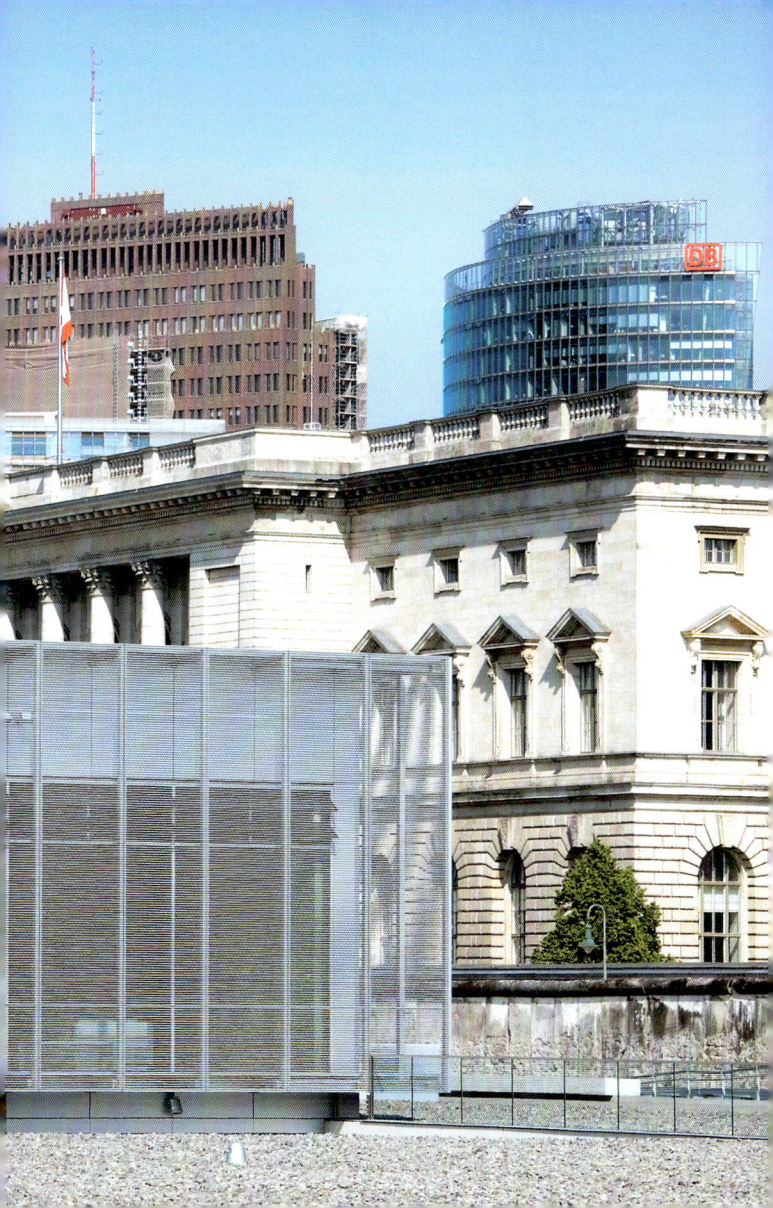

Unterdrückung und Vernichtung

Denkmal für die ermordeten Juden Europas

In unmittelbarer Nähe zu Regierungsviertel und Brandenburger Tor befindet sich das Denkmal für die ermordeten Juden Europas, gemeinhin Holocaust-Denkmal genannt. Das Feld aus Betonquadern weckt unterschiedliche Assoziationen: Manche Besucher fühlen sich an einen alten jüdischen Friedhof mit windschiefen Grabsteinen oder Sarkophagen erinnert. Der Verzicht auf Inschriften lässt sich als Verweis auf die unüberblickbare Vielzahl und die Namenlosigkeit der Opfer deuten. Auf dem Weg ins Stelenfeld, umgeben von den Betonblöcken, wird manchen Besucher ein Gefühl von Orientierungslosigkeit und Isolation beschleichen.

Das Denkmal für die ermordeten Juden Europas entstand 2003–2005 nach Entwürfen des US-amerikanischen Architekten Peter Eisenman. Auf dem viereckigen, leicht geschwungenen Terrain an der Behren- und Ebertstraße wurden 2711 Betonquader aufgestellt. Die Anordnung dieser Stelen folgt einem regelmäßigen Raster. Sie haben alle denselben Grundriss, sind aber unterschiedlich geneigt und verschieden hoch. Zur Mitte des Areals ragen sie teils über vier Meter in die Höhe, an den Rändern sinken die Stelen bis auf Bodenniveau ab. Zur Ebertstraße wachsen vereinzelt Bäume zwischen den Stelen, die das Betonfeld optisch mit dem gegenüberliegenden Tiergarten verbinden.

Unweit der südwestlichen Ecke des Grundstücks befindet sich der Eingang zu einem unterirdischen Dokumentationszentrum, dem »Ort der Information«, in dem sich Besucher über den Holocaust und die jüdischen Opfer informieren können.

Das Stelenfeld bleibt dagegen bewusst abstrakt, es verzichtet auf vordergründige Symbolik, auf figürliche Darstellung oder Erläuterungen und regt gerade dadurch an. Es irritiert und ermuntert zur Diskussion und zum Widerspruch.

Die Betonstelen des Denkmals für die ermordeten Juden Europas sollen bewusst verunsichern und verstören.

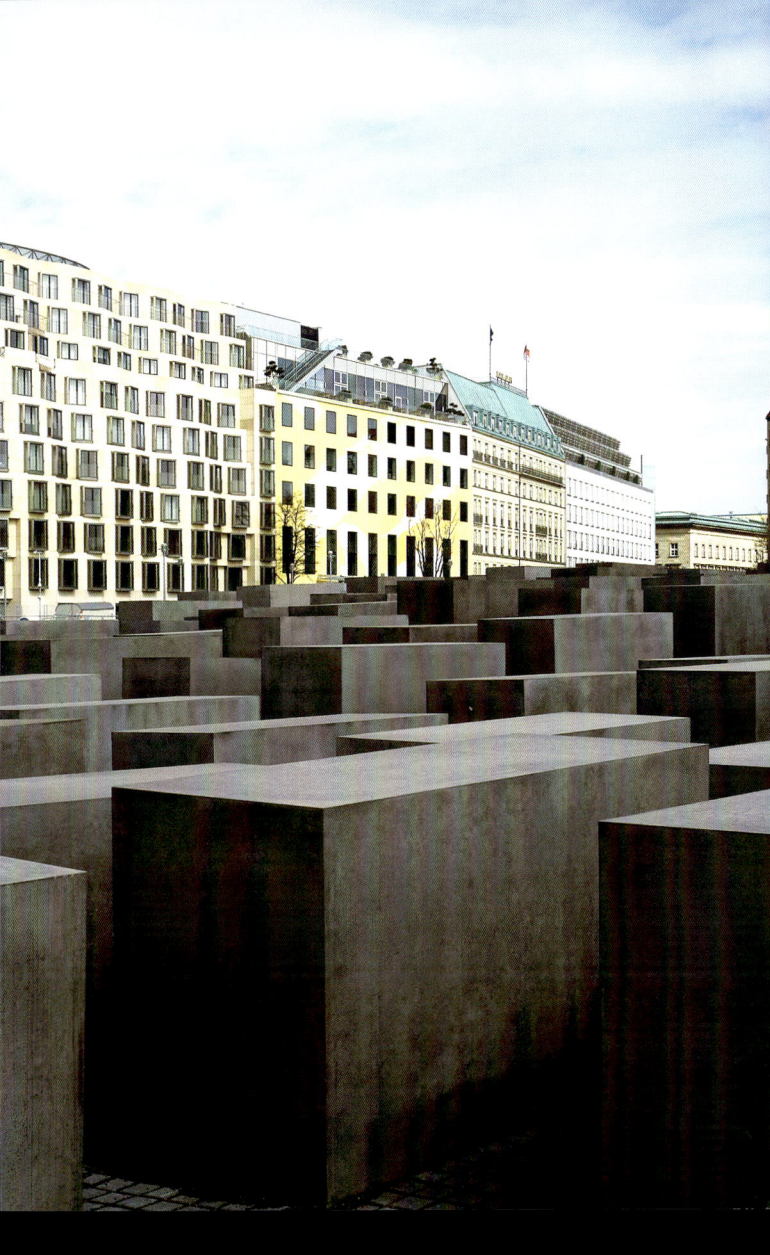

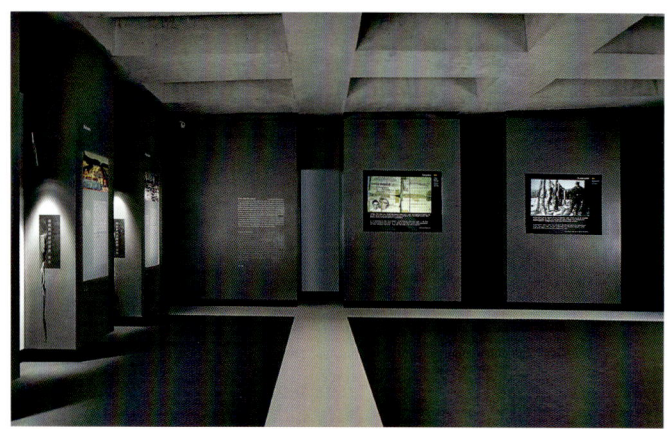

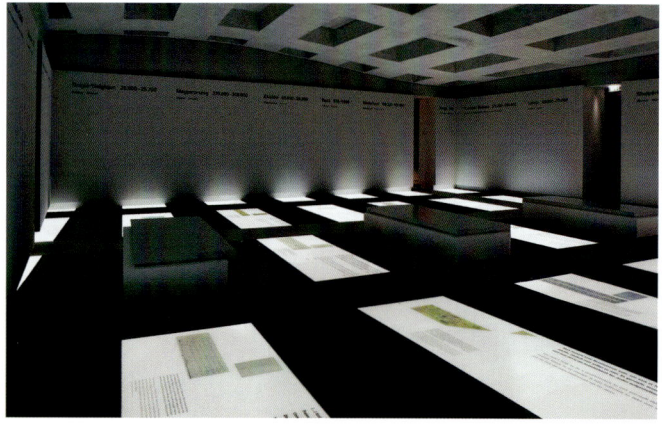

Unter dem Denkmal für die ermordeten Juden Europas liegt der Ort der Information mit dem Raum der Orte (oben) und dem Raum der Dimensionen (unten).
Über eine Treppe zwischen den Betonstelen des Denkmals erreicht der Besucher den Ort der Information (rechts).

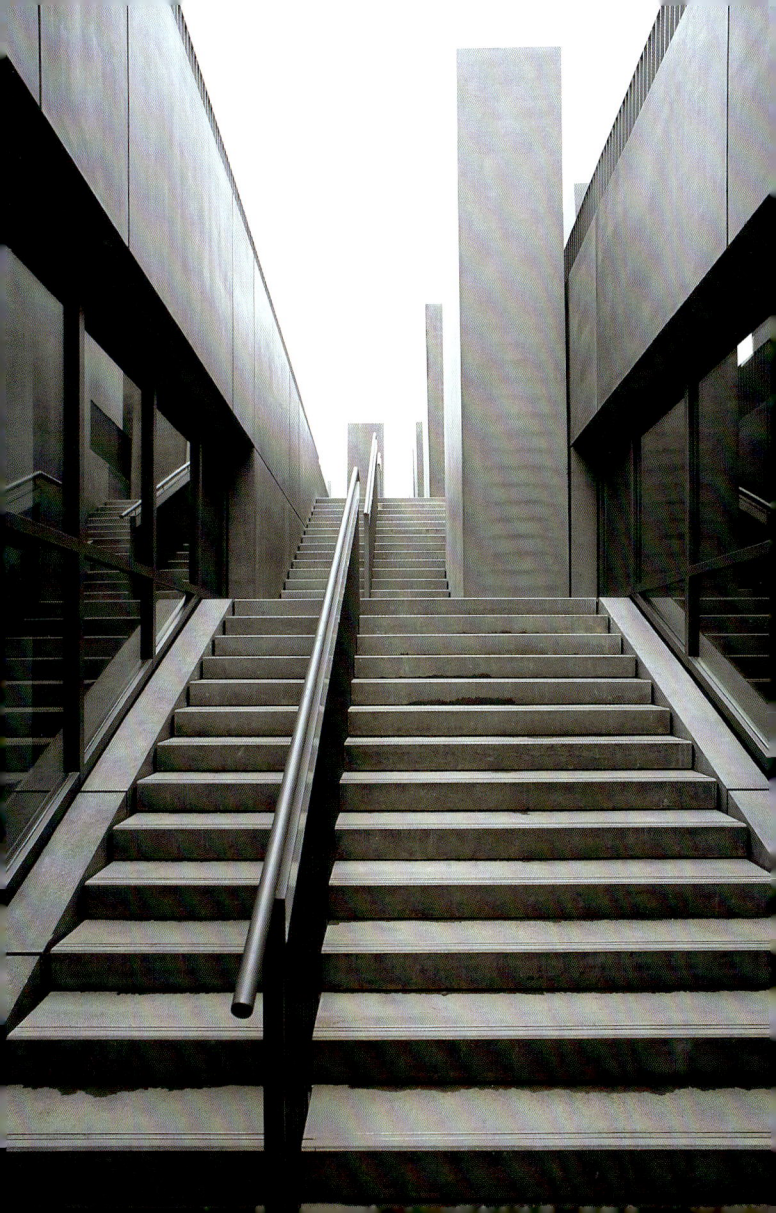

Kontrovers gestaltete sich bereits die langjährige Debatte, die dem Bau des Denkmals vorangegangen war: Erste Ideen zu einem zentralen Mahnmal für die jüdischen Opfer des NS-Regimes gehen nach Angaben der Initiatorin Lea Rosh auf das Jahr 1988 zurück. Zu den ersten Unterzeichnern eines Aufrufs zum Bau eines solchen Denkmals zählte der Ex-Bundeskanzler und frühere Regierende Bürgermeister West-Berlins, Willy Brandt. Unterstützt durch die Bundesregierung lobte die Berliner Senatsverwaltung für Bau- und Wohnungswesen einen offenen künstlerischen Wettbewerb für das Denkmal aus, im Frühjahr 1995 gingen 528 Entwürfe ein.

Es folgten ein weiterer Wettbewerb sowie eine wechselvolle Planungsgeschichte, die von politischer Einflussnahme und öffentlichen Debatten geprägt war und die in ihrer oft polemischen Schärfe die Brisanz und Schwierigkeit des Gedenkens an die Opfer des Holocaust widerspiegelte. Im Umfeld des 60. Jahrestags des Kriegsendes wurde das Mahnmal am 10. Mai 2005 eingeweiht.

Gegenüber dem Holocaust-Denkmal, etwas versteckt zwischen den Bäumen des Tiergartens, erinnert seit 2008 ein einzelner Betonquader an die homosexuellen Opfer des NS-Regimes. Der Entwurf stammt vom dänisch-norwegischen Künstlerduo Michael Elmgreen und Ingar Dragset. Durch ein Sichtfenster blickt der Besucher ins Innere der Stele, wo eine Videoprojektion eine gleichgeschlechtliche Kuss-Szene zeigt. An eine dritte Gruppe NS-Verfolgter erinnert das Denkmal für die ermordeten Sinti und Roma, das seit 2008 nach einem Entwurf des israelischen Künstlers Dani Karavan ebenfalls im Tiergarten, gegenüber dem Reichstag, errichtet wird. Es besteht aus einer kreisrunden Brunnenschale, in deren Mitte sich ein Dreieck aus Granit befindet.

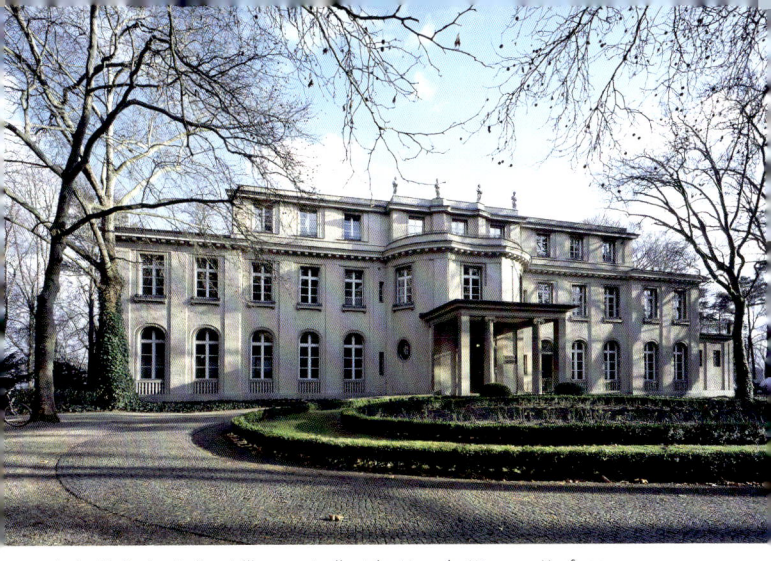

In der Idylle des Berliner Villenvorortes liegt das Haus der Wannsee-Konferenz.

Haus der Wannsee-Konferenz

Wer im Südwesten Berlins in die Straße Am Großen Wannsee einbiegt, der entdeckt eine der vornehmen Adressen der Stadt. Repräsentative Villen prominenter und wohlhabender Berliner finden sich hier in exzellenter Wasserlage. Bereits vor etwa einem Jahrhundert ließen unter anderem der Maler Max Liebermann und der Verleger Carl Langenscheidt ihre Landsitze mit Blick auf den Wannsee bauen, während Ausflügler die benachbarten Lokale besuchten.

Inmitten dieser Idylle steht eine ehemalige Fabrikantenvilla, die am 20. Januar 1942 zum Schauplatz der Wannsee-Konferenz wurde. Hier verhandelten fünfzehn Spitzenbeamte der Ministerialbürokratie und der SS über die organisatorische Durchführung des Massenmords an den Juden Europas. Vorsitzender der Konferenz war Reinhard Heydrich, der Chef des Reichssicherheitshauptamtes.

Die Konferenz legte vor allem zeitliche Abläufe des Mordens fest und definierte die Opfergruppen: Unter anderem war die Einbeziehung soge-

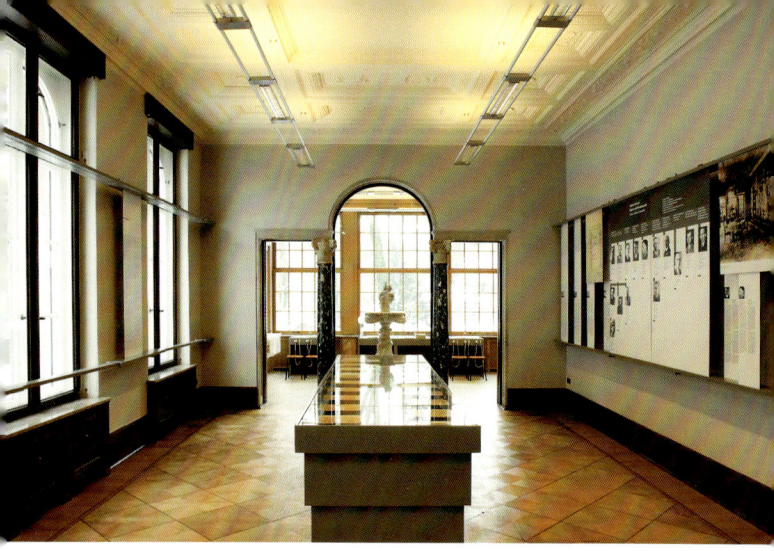

Dokumente des Schreckens: In den authentischen Räumen kann sich der Besucher über die Wannsee-Konferenz vom 20. Januar 1942 informieren.

nannter »Mischlinge« umstritten, also von Personen mit sowohl christlichen als auch jüdischen Eltern- oder Großelternteilen.

An der etwa neunzig Minuten dauernden Besprechung nahmen Staatssekretäre verschiedener Ministerien, leitende Beamte der Polizei, der Gestapo und SS sowie zwei Ministerialdirektoren teil.

Acht der Teilnehmer waren promovierte Juristen, unter ihnen der Staatssekretär im Reichsjustizministerium, Roland Freisler, der als späterer Präsident des Volksgerichtshofs zahlreiche Regimegegner in Schauprozessen zum Tode verurteilte. Protokollant war der SS-Obersturmbannführer Adolf Eichmann, Heydrichs Referent für »Judenangelegenheiten«. Mit der Konferenz und dem zugehörigen 15-seitigen Protokoll wurden die führenden Männer des deutschen Staatsapparats nachweislich zu Mitwissern und Mittätern des Völkermords. Bei der Konferenz ging man von »rund 11 Millionen Juden« in Europa aus, die »im Zuge der Endlösung der europäischen Judenfrage in Betracht« kämen. Wenige Tage nach der Konferenz wies Adolf Eichmann per Schnell-

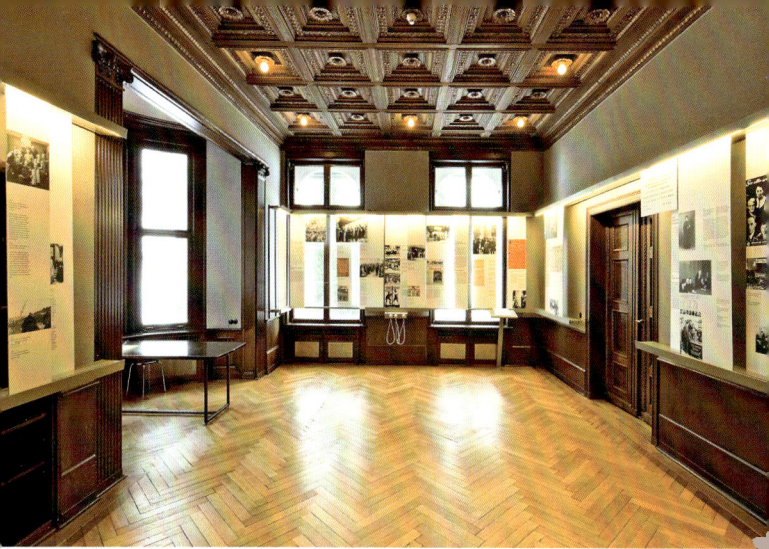

Das noble Ambiente der ehemaligen Fabrikantenvilla steht im Kontrast zu den Inhalten und Zielen der berüchtigten Konferenz.

brief alle betreffenden Dienststellen im Deutschen Reich an, die bereits im Oktober 1941 begonnene Deportation der Juden fortzusetzen. Er sprach vom »Beginn der Endlösung«.

Die Villa, in der die Wannsee-Konferenz stattfand, ließ sich der Pharmafabrikant Ernst Marlier in den Jahren 1914/15 errichten. Paul Baumgarten, der Architekt des Hauses, hatte zuvor bereits eine nahe gelegene Villa für den Maler Max Liebermann entworfen.

Nach dem Ersten Weltkrieg verkaufte Marlier Haus und Garten an den Industriellen Friedrich Minoux, 1940 erwarb die »Stiftung Nordhav« das Anwesen. Zweck der kurz zuvor von Reinhard Heydrich gegründeten Stiftung waren die Einrichtung und der Unterhalt von Erholungsheimen für die Mitglieder des Sicherheitsdienstes der SS und deren Angehörige. Die Villa am Wannsee wurde zum SS-Gästehaus und diente als Kasino- und Konferenzhaus.

Gegen Kriegsende residierte zeitweilig Gestapo-Chef Heinrich Müller in der Villa und verhandelte hier unter anderem mit dem Vertreter der Genfer Zentrale des Roten Kreuzes über die Übergabe der Lager Ravensbrück und Sachsenhausen. Ab Kriegsende nutzte die Rote Armee das Gebäude, später die US-Armee. Nach zeitweiligem Leerstand und Plünderung nahezu der gesamten Einrichtung diente es seit den 1950er Jahren als Schullandheim des Bezirks Berlin-Neukölln.

In den 1960er Jahren forderte der Historiker Joseph Wulf, jüdischer Widerstandskämpfer und Überlebender von Auschwitz, ein »Internationales Dokumentationszentrum zur Erforschung des Nationalsozialismus und seiner Folgeerscheinungen« in der Villa einzurichten.

Wulf fand weltweit prominente Unterstützer, doch erst ab 1988 erfolgten der Umbau und die historische Rekonstruktion von Haus und Garten. Zum 50. Jahrestag der Konferenz im Januar 1992 wurde die Gedenk- und Bildungsstätte eröffnet. Die Ausstellung in den authentischen Räumen der Wannsee-Konferenz widmet sich der Geschichte des berüchtigten Treffens und der planvollen Ermordung der Juden Europas während des Zweiten Weltkriegs.

Wechselausstellungen, eine Spezialbibliothek und ein umfangreiches pädagogisches Angebot mit Führungen, Projekten und Seminaren ergänzen die ständige Dokumentation.

Mahnmal »Gleis 17«

Auf dem Gelände des Bahnhofs Grunewald erinnert das Mahnmal »Gleis 17« an einen der Berliner Ausgangspunkte für die Deportationszüge. Von Oktober 1941 bis Kriegsende wurden über 50 000 deutsche Juden von Berliner Bahnhöfen in die Ghettos, Konzentrations- und Vernichtungslager gebracht; allein nach Auschwitz fuhren vom Bahnhof Grunewald etwa 35 Züge mit 17 000 Menschen ab. Die Reichsbahn erhielt vier Pfennige pro Person und gefahrenen Kilometer, bezahlen musste die jüdische Gemeinde.

1991 schuf der polnische Künstler Karol Broniatowski ein Mahnmal am Bahnhofsvorplatz, eine Betonwand mit Negativabdrücken menschlicher Körper, ergänzt durch eine erläuternde Bronzetafel. Erinnerungsort ist aber vor

Das einstige Entrée der Villa dient heute als Empfangsbereich des Hauses der Wannsee-Konferenz.

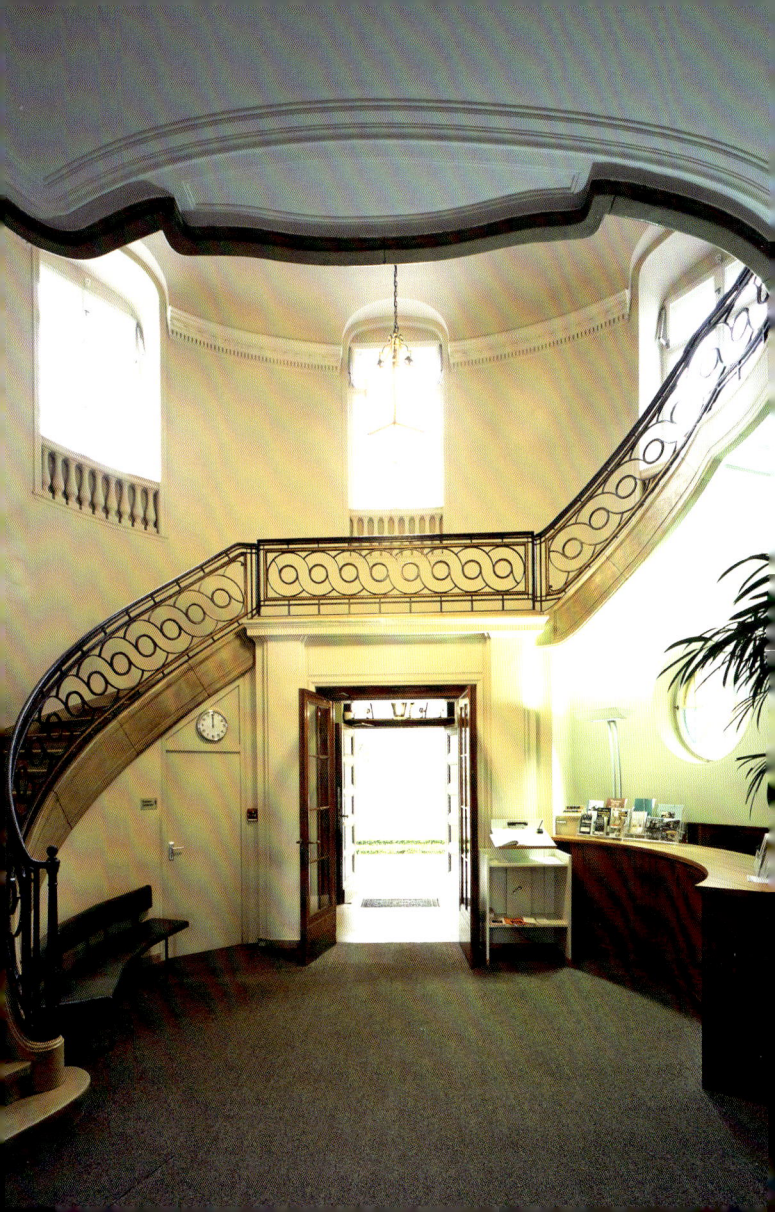

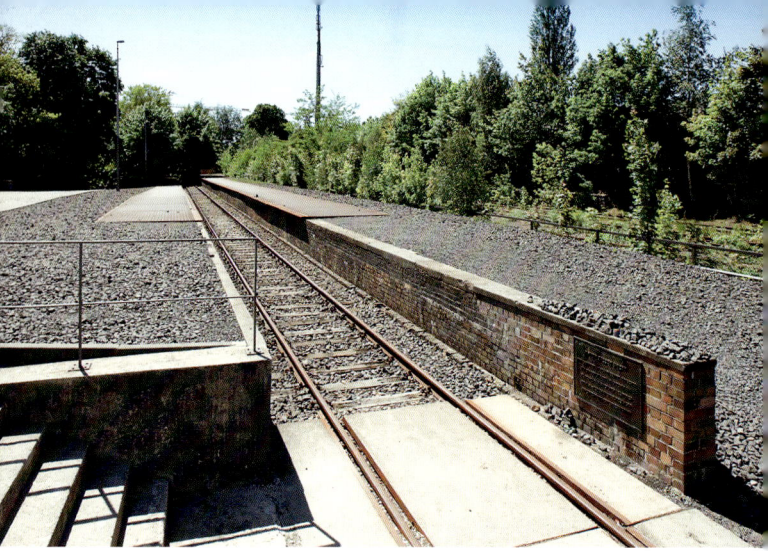

Am Bahnhof Grunewald erinnert das Mahnmal »Gleis 17« an einen der Ausgangspunkte für Deportationszüge.

allem das original vorhandene Gleis 17, auf dem die Güterwaggons der Deportationszüge standen, und die beidseitigen Rampen, von denen aus die Juden einsteigen mussten.

Nach einem Entwurf des Architektenteams Nicolaus Hirsch, Wolfgang Lorch und Andrea Wandel entstand 1998 ein Denkmal, mit dem sich die Deutsche Bahn AG zur Verantwortung der Bahn im Dritten Reich bekannte: Die Bahnsteige des ehemaligen Gleises 17 wurden mit Stahlplatten ausgelegt, auf denen in chronologischer Folge alle Fahrten von Berlin mit Anzahl der Deportierten und Zielort dokumentiert sind.

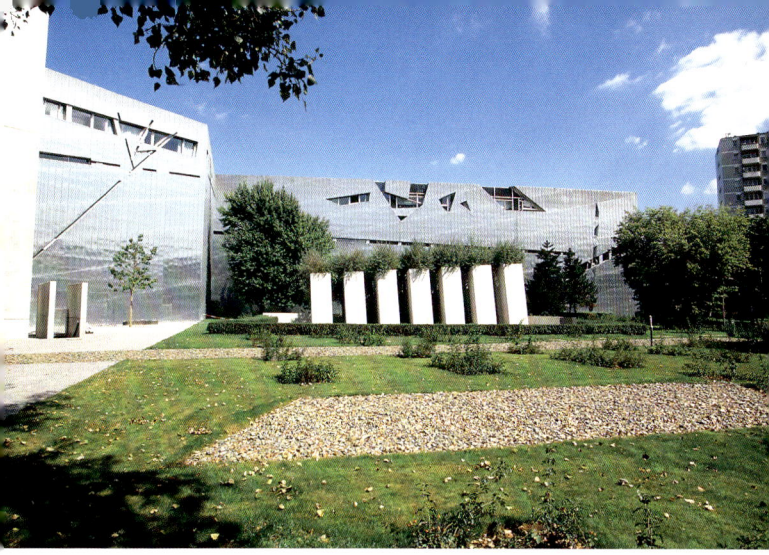

Blick auf den Erweiterungsbau des Jüdischen Museums von Daniel Libeskind. Davor der Garten des Exils mit seinen Betonstelen, ganz links der Holocaust-Turm.

Jüdisches Museum Berlin:
Der Garten des Exils und der Holocaust-Turm

Einer der prominentesten Bauten im Berlin der Nachwendezeit ist der Neubau des Jüdischen Museums, der 1992–1999 nach Entwürfen von Daniel Libeskind im Stadtteil Kreuzberg entstand.

Weithin sichtbares Kennzeichen des Betonbaus auf gezacktem Grundriss ist die Zinkfassade mit unregelmäßig geschlitzten Fensteröffnungen, die einen scharfen Kontrast zum benachbarten Altbau des Museums bildet.

Das Jüdische Museum Berlin dokumentiert zwei Jahrtausende deutsch-jüdische Geschichte. Alltags- und Kunstobjekte, Fotos und Briefe, interaktive Elemente und Medienstationen erzählen von jüdischer Kultur in Deutschland und zeigen, wie eng jüdisches Leben mit der deutschen Geschichte verwoben ist.

Neben den zahlreichen Exponaten ist auch der Libeskind-Bau selbst Bedeutungsträger: Mehrere Leerstellen – sogenannte Voids – durchziehen das Gebäude und stehen für das durch die Vernichtung des jüdischen Lebens in Europa nicht mehr Darstellbare, das Verlorene. Das Untergeschoss des Neubaus besteht aus mehreren »Achsen« mit symbolhaften Bezeichnungen, darunter die »Achse der Emigration«, an deren Ende der Besucher den »Garten des Exils« betritt, einen von Betonmauern umgrenzten Außenbereich.

Hier sind in regelmäßigen Abständen sieben mal sieben Reihen aus hohen, quadratischen Betonstelen aufgestellt, auf denen Ölweiden wachsen. Die Besonderheit des »Gartens des Exils« erschließt sich beim Betreten: Der Boden mitsamt den Betonstelen ist leicht geneigt, so dass beim Durchschreiten der Gleichgewichtssinn gestört wird; manchen Besucher befällt ein leichtes Schwindelgefühl.

Auch der Garten des Exils ist bildhaft aufgeladen: Er spielt auf das Ausgesperrtsein, die Orientierungslosigkeit von Exilanten an. Zurück im Inneren des Museums öffnet sich am Ende der »Achse des Holocaust« eine schwere Stahltür zum Holocaust-Turm.

Das Innere des frei stehenden, keilförmig zulaufenden Sichtbetonbaus erstreckt sich als fensterloser Raum über die gesamte Höhe des Gebäudes. Lediglich eine kleine Öffnung im oberen Teil lässt Tageslicht und Geräusche von der Straße ins Innere dringen: für die im Holocaust-Turm verweilenden Museumsbesucher die einzige Verbindung zur Außenwelt, die sich auf die Isolation und Ausweglosigkeit der Holocaust-Opfer bezieht.

Beklemmung und Angst beschleichen den Besucher beim Betreten des Holocaust-Turms.

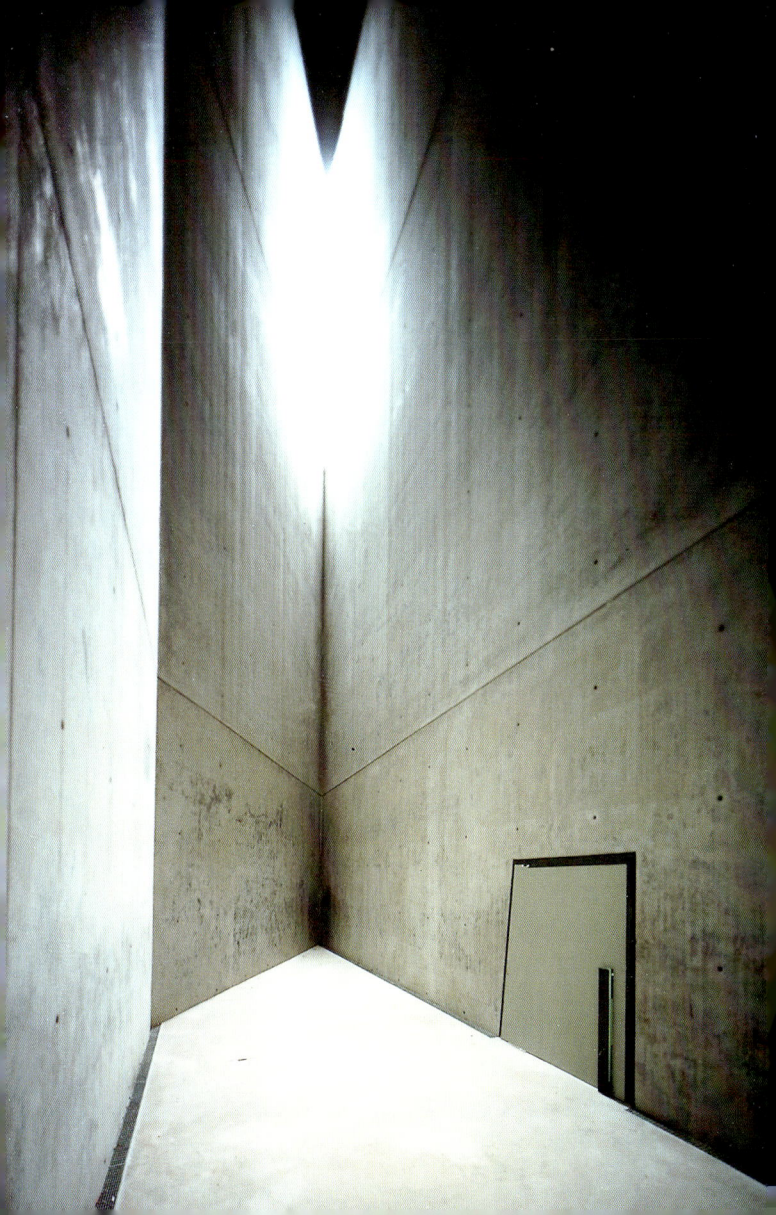

Dokumentationszentrum NS-Zwangsarbeit Berlin-Schöneweide

Als die deutsche Bundesregierung im Jahr 2000 beschloss, ehemaligen NS-Zwangsarbeitern einen finanziellen Ausgleich zu zahlen, lebte ein Großteil der Betroffenen nicht mehr. So kam für viele Opfer die Entschädigung zu spät. Schätzungsweise elf bis zwölf Millionen Menschen aus ganz Europa hatten während des Zweiten Weltkriegs unter teilweise lebensbedrohlichen Bedingungen für die deutsche Wirtschaft gearbeitet – aber nur 1,66 Millionen von ihnen erhielten mehr als 60 Jahre später noch Entschädigungsleistungen. Zwangsarbeiter stellten in den Kriegsjahren zeitweise die Mehrheit der Beschäftigten in deutschen Unternehmen. Untergebracht waren sie in provisorisch eingerichteten Unterkünften, aber auch in eigens gebauten Barackenlagern. In Berlin ist nur ein einziges dieser Lager fast vollständig erhalten: das sogenannte GBI-Lager Nr. 75/76 im Ortsteil Schöneweide im Südosten der Stadt. Es lag mitten in einem Wohngebiet, unweit der Industrieanlagen von Ober- und Niederschöneweide, in denen die Internierten arbeiten mussten. Im Lager waren mindestens 435 italienische Zwangsarbeiter einquartiert, darunter italienische Militärinternierte; zwei weitere Baracken dienten zeitweise als Unterkunft für weibliche KZ-Häftlinge. Das Lager errichtete der »Generalbauinspektor für die Reichshauptstadt« (GBI), der seit 1942 mit der Planung, der Genehmigung und dem Bau der Unterkünfte für die Zwangsarbeiter betraut war. Die 1937 gegründete Sonderbehörde unter Leitung des Architekten Albert Speer hatte zunächst Pläne für den Umbau Berlins zur Welthauptstadt »Germania« entwickelt. Bei den Bauarbeiten und der Gewinnung der Baustoffe setzte die Behörde ausländische Zwangsarbeiter ein. Während des Krieges verlagerte sich der Arbeitsschwerpunkt des GBI von den monumentalen Staatsbauten zu Luftschutz- und Lagerbauten. Das ehemalige NS-Zwangsarbeiterlager befindet sich unweit des Bahnhofs Schöneweide zwischen den Mietshäusern an der Köllnischen Straße, der Friedenskirche an der Britzer Straße, der Archenhold-Oberschule an der Rudower Straße und der Wohnsiedlung an der Grimaustraße. Im Zentrum der Anlage

Ein authentischer Ort: Das einzige fast vollständig erhaltene Zwangsarbeiterlager in Berlin beherbergt heute das Dokumentationszentrum NS-Zwangsarbeit.

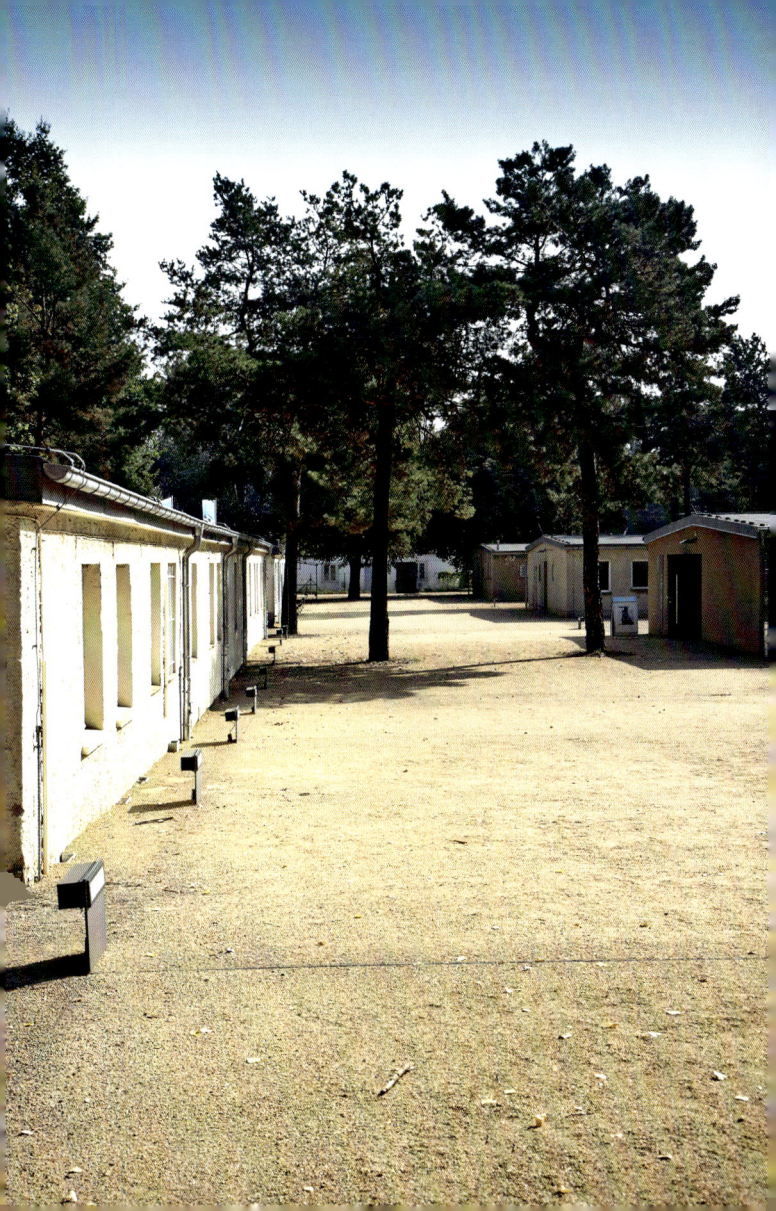

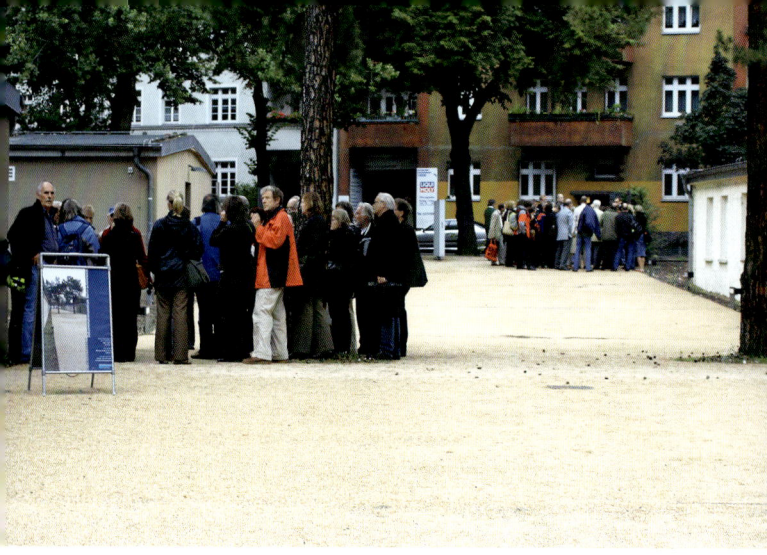

Es geschah vor aller Augen: Von den angrenzenden Wohnhäusern erhielten die Anwohner Einblick in das Zwangsarbeiterlager.

steht das frühere, im Grundriss annähernd H-förmige Wirtschaftsgebäude. Das Dokumentationszentrum liegt im westlichen Teil des einstigen Lagers. Es umfasst sechs Baracken und ist durch ein Tor an der Britzer Straße zugänglich. Die Baracken sind ebenerdige, verputzte Mauerwerksbauten mit flach geneigten Satteldächern. Zwei der Baracken in unmittelbarer Nähe des Grundstückseingangs wurden von 2005 bis 2006 saniert und grau-braun gestrichen. Das erste Gebäude wird vom Dokumentationszentrum als Bibliothek und Büro sowie für Seminare genutzt, das zweite als Ausstellungshaus und für Veranstaltungen. Trotz späterer Veränderungen ist in beiden Häusern die ursprüngliche Raumaufteilung noch zu erkennen. Sie war in allen Baracken gleich: Durch den Eingang an der Schmalseite betritt man einen Mittelflur, der sich über die gesamte Gebäudelänge erstreckt. Zu beiden Seiten des Flures zweigen Räume ab, die jeweils zwei doppelflügelige Holzfenster besitzen. Im Ausstellungshaus wurden die Mittelflurwände teilweise entfernt, so dass sich größere, flexible Schauräume ergaben. Die übrigen Baracken auf

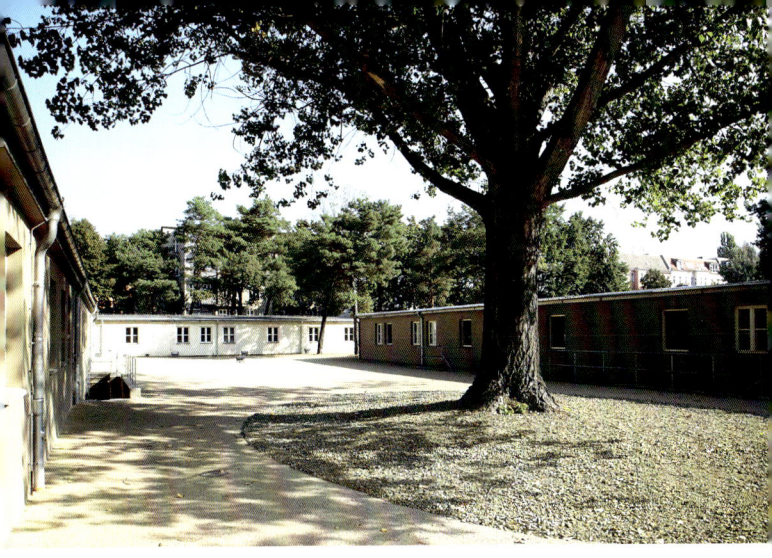

Von ihren Unterkünften in Schöneweide brachen die Zwangsarbeiter jeden Morgen zu ihren Arbeitsstätten in den nahe gelegenen Industriebetrieben auf.

dem Grundstück des Dokumentationszentrums wurden bislang nicht saniert. In ihnen finden sich noch zahlreiche Spuren eines Impfstoff-Instituts, das nach dem Zweiten Weltkrieg die Bauten des einstigen Lagers nutzte. Gekachelte Räume, Labortische, Rauchabzugskästen und Ställe, die für Versuchstiere benötigt wurden, sollen in Zukunft wenigstens teilweise als Dokumente der Nachkriegsnutzung erhalten bleiben. Das ehemalige Lager umfasste mehr Fläche als das heutige Dokumentationszentrum. Unmittelbar östlich an dessen Grundstück grenzend steht die einstige Wirtschaftsbaracke, die von einer Werkstatt genutzt wird. In den dahinter liegenden Baracken befinden sich teils seit Jahrzehnten eine Sauna, eine Kindertagesstätte, ein Gemeindebüro der evangelischen Kirche, ein Autohaus und eine Gaststätte mit Kegelbahn. Die »Baracke 13« in der nordöstlichen Ecke des ehemaligen Lagergeländes gehört seit Ende 2008 zum Dokumentationszentrum. Mit zahlreichen originalen Details aus der Bauzeit zählt sie zu den am vollständigsten erhaltenen Objekten des Standorts. Im Keller des Gebäudes, der als Luftschutz-

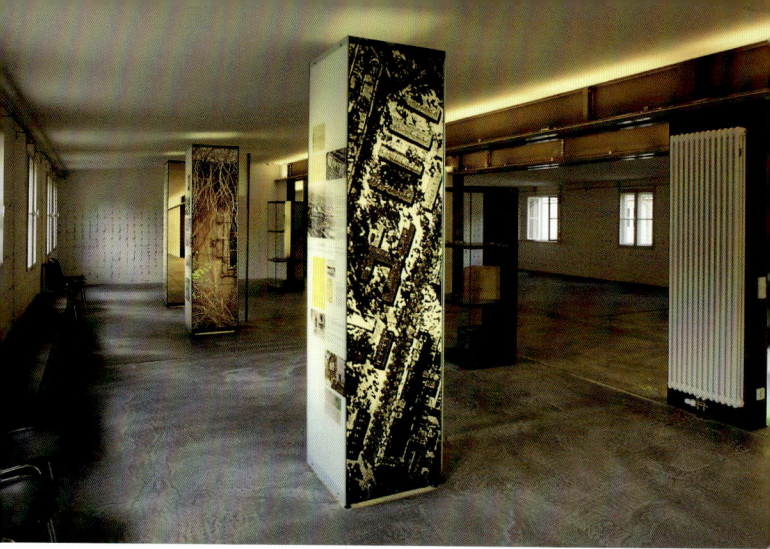

Eine der Baracken des Zwangsarbeiterlagers dient heute als Ausstellungshaus des Dokumentationszentrums.

raum für die Lagerinsassen diente, finden sich noch Inschriften, die Zwangsarbeiter während des Zweiten Weltkriegs auf die Wände kritzelten. Das Dokumentationszentrum NS-Zwangsarbeit ist aus bürgerschaftlichen Initiativen hervorgegangen, die sich seit den 1990er Jahren mit der Historie des Areals beschäftigten. Mit Ausstellungen, Führungen, Seminaren, Zeitzeugenbegegnungen und Vortragsveranstaltungen widmet sich das Dokumentationszentrum der Geschichte des Lagers und dem Thema NS-Zwangsarbeit insgesamt. Das Dokumentationszentrum in Berlin-Schöneweide ist auch ein Ort der Erinnerung. Überlebende Lagerinsassen und zunehmend ihre Nachfahren suchen das Zentrum auf. Viele wenden sich an das Dokumentationszentrum, um mehr über ihre Angehörigen zu erfahren. In Ermangelung weiterer erhaltener Lager hat der Standort Schöneweide zugleich eine stellvertretende Funktion. Damit nimmt das Dokumentationszentrum NS-Zwangsarbeit einen wichtigen Platz in der deutschen und europäischen Gedenkstättenlandschaft ein.

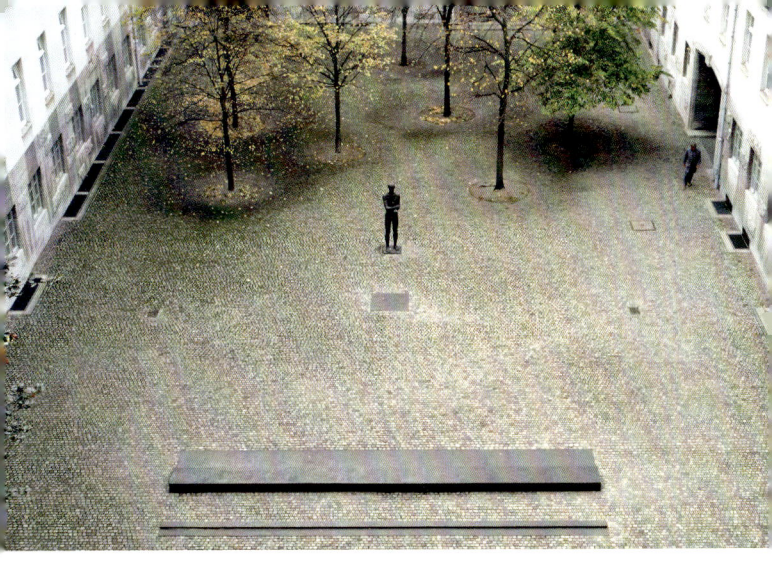

Blick in den Hof der Gedenkstätte Deutscher Widerstand, in dem mehrere Verschwörer des 20. Juli 1944 erschossen wurden.

Widerstand

Gedenkstätte Deutscher Widerstand

Ein Ort mit militärischer Tradition: Der sogenannte Bendlerblock an der Stauffenbergstraße im Ortsteil Tiergarten, heute zweiter Dienstsitz des Bundesverteidigungsministers, war während des »Dritten Reichs« Sitz des Oberkommandos des Heeres. Hier planten Oberst Claus Schenk Graf von Stauffenberg und seine Verbündeten den berühmten Attentatsversuch auf Hitler sowie einen anschließenden Staatsstreich. Am 20. Juli 1944 deponierte Stauffenberg bei einer Lagebesprechung im »Führerhauptquartier Wolfsschanze« in Ostpreußen einen Sprengkörper in einer Aktentasche, der Hitler töten sollte. Zurück in Berlin versuchte er mit seinen Verbündeten, vom Dienstsitz im Bendlerblock aus den Staatsstreich in Gang zu setzen. Das Attentat war jedoch misslungen und noch am selben Abend wurden die Verschwörer im Hof des Bendlerblocks erschossen: Stauffenberg selbst, Friedrich Olbricht, Albrecht

Ritter Mertz von Quirnheim und Werner von Haeften. Ludwig Beck war zuvor zum Freitod gedrängt worden. Der Hof dient heute als Gedenkstätte für den deutschen Widerstand. Bereits 1953 weihte der damalige Regierende Bürgermeister Ernst Reuter das von dem Bildhauer Richard Scheibe geschaffene Ehrenmal ein, die Bronzefigur eines jungen Mannes mit gebundenen Händen. In der Hofeinfahrt findet sich die Widmungsinschrift: »Hier im ehemaligen Oberkommando des Heeres organisierten Deutsche den Versuch, am 20. Juli 1944 die nationalsozialistische Unrechtsherrschaft zu stürzen. Dafür opferten sie ihr Leben.« In Erinnerung an einen der Hauptbeteiligten erhielt die ehemalige Bendlerstraße 1955 den Namen »Stauffenbergstraße«. 1968 eröffnete eine ständige Ausstellung zum Widerstand im Nationalsozialismus, die nach mehrfacher Erweiterung und Neukonzeption heute in der zweiten Etage des Bendlerblocks, u. a. in den ehemaligen Arbeitsräumen der Verschwörer, gezeigt wird. Die Ausstellung mit Fotos, Texten und Dokumenten präsentiert einen Überblick über die Entwicklung des Widerstands gegen den Nationalsozialismus in Deutschland. Eine wichtige Rolle nimmt dabei der militärische Widerstand der Gruppe ein. Innerhalb des Ausstellungsrundgangs sind die einstigen Diensträume Stauffenbergs und seiner engsten Vertrauten gekennzeichnet. Doch die Gedenkstätte widmet sich dem Widerstand gegen die NS-Diktatur in seiner ganzen Breite und stellt unterschiedlichste Gruppen mit ihren verschiedenen Motiven dar. So ist etwa dem jüdischen Widerstand ein Raum der Ausstellung gewidmet, dem Widerstand aus christlichen Motiven, dem kommunistischen Widerstand ebenso wie den Aktivitäten von Sinti und Roma gegen das Regime. Zu den Aufgaben der Gedenkstätte Deutscher Widerstand zählt neben der Betreuung und Überarbeitung der Dauerausstellung die Organisation von Gedenkveranstaltungen, Publikationen, Filmvorführungen und Vorträgen sowie Wechsel- und Sonderausstellungen. Zudem betreut die Gedenkstätte das Museum Blindenwerkstatt Otto Weidt, die Gedenkstätte Stille Helden und die Gedenkstätte Plötzensee, die allesamt in engem Zusammenhang mit dem Widerstand gegen das NS-Regime stehen.

Die Ausstellung in der Gedenkstätte Deutscher Widerstand widmet sich allen Facetten des Widerstands gegen das NS-Regime. Hier ein Blick in den Ausstellungsbereich zur Jugendopposition.

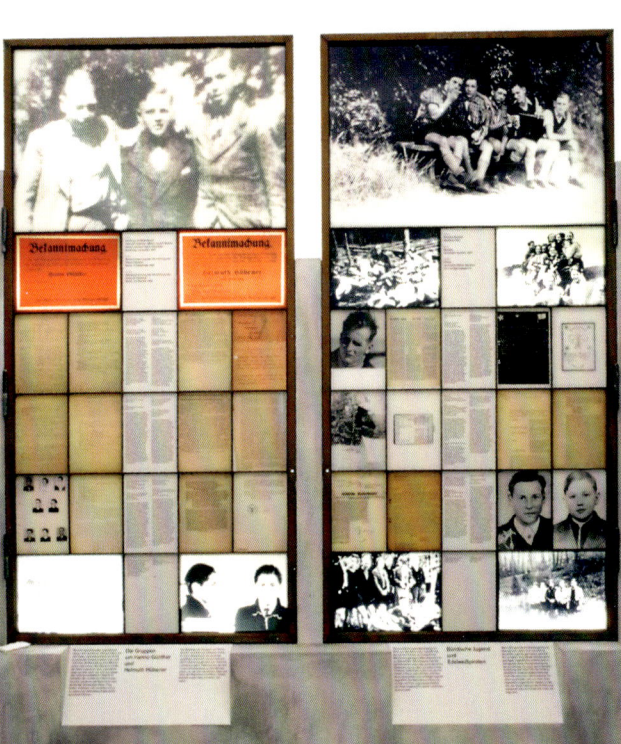

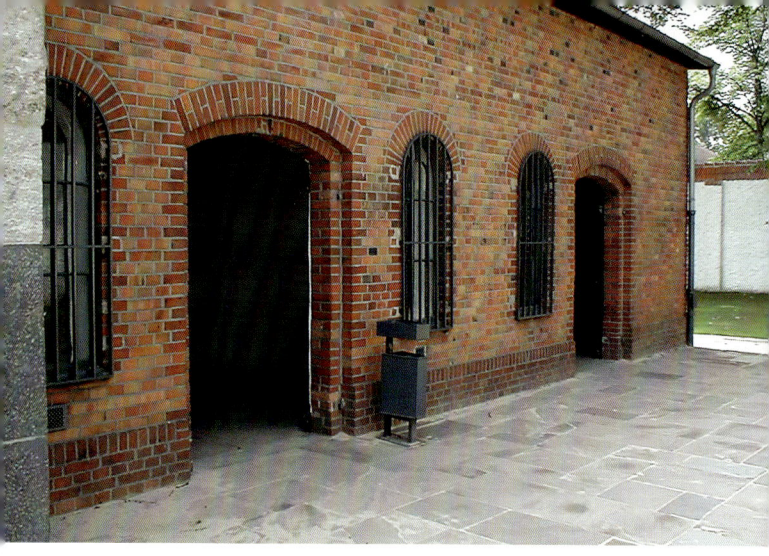

Die einstige Hinrichtungsbaracke des Gefängnisses Plötzensee in Berlin.

Gedenkstätte Plötzensee

In einer unwirtlichen Gegend nördlich der Berliner Innenstadt, zwischen Großmarkt und Kleingartenkolonien, liegt die Gedenkstätte Plötzensee. Eine kleine Stichstraße, der Hüttigpfad, führt den Besucher an den hohen Mauern der Justizvollzugsanstalt Plötzensee entlang. In einem abgetrennten Bereich, der ehemals zur Vollzugsanstalt gehörte, befindet sich – über einen separaten Eingang frei zugänglich – die Gedenkstätte Plötzensee. Durch einen umfriedeten Vorhof gelangt man in die von Mauern umgebene Gedenkstätte. Der Blick fällt auf eine monumentale Wand mit der Inschrift »Den Opfern der Hitlerdiktatur der Jahre 1933–1945«. Hinter der Wand liegt ein Teil der ehemaligen Hinrichtungsbaracke des Gefängnisses Plötzensee. Während der NS-Diktatur vollzog man Hinrichtungen zunächst auf dem Gefängnishof mit dem Handbeil, ab 1936 durch ein Fallbeil in der Hinrichtungsbaracke. Im ersten Raum der Baracke ist noch heute ein 1942 eingezogener Stahlträger mit Eisenhaken zu besichtigen, an denen Gefangene gehängt wurden.

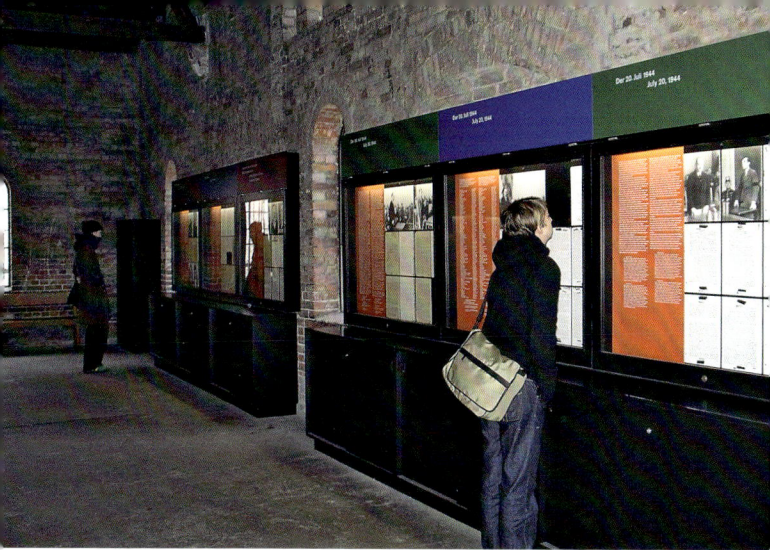

In einem Teil der Hinrichtungsbaracke befindet sich heute eine Dokumentation zum Vollzug der Todesstrafe in der Haftanstalt Plötzensee im »Dritten Reich«.

Über 2800 Menschen fanden in den zwölf Jahren des NS-Regimes in Plötzensee den Tod, vielfach nach Verurteilung durch den »Volksgerichtshof« Roland Freislers. Zahllose Todesurteile fielen insbesondere nach Kriegsbeginn, als praktisch alle Vergehen willkürlich mit der Todesstrafe belegt werden konnten. Unter den in Plötzensee Hingerichteten waren zahlreiche Widerstandskämpfer aus Deutschland und aus besetzten Ländern wie der Tschechoslowakei, Polen und Frankreich. Auf Drängen Hitlers beschleunigte man die Bearbeitung der Gnadengesuche, die meist negativ beschieden wurden. So fanden in den sogenannten »Blutnächten von Plötzensee« zwischen dem 7. und 12. September 1943 über 250 Menschen den Tod. Unter den Hingerichteten in Plötzensee waren Arvid Harnack und Harro Schulze-Boysen, Mitglieder der Widerstandsgruppe »Rote Kapelle«, aber auch 89 Beteiligte und vermeintliche Mitwisser des Umsturzversuches vom 20. Juli 1944, darunter Carl Friedrich Goerdeler, Helmuth James Graf von Moltke, Johannes Popitz und Adam von Trott zu Solz.

Der Gefängnishof mit der Hinrichtungsbaracke in Plötzensee war eine der ersten Gedenkstätten für Opfer des NS-Regimes, die in Berlin nach 1945 angelegt wurden. Im Zentrum der 1952 eröffneten Gedenkstätte steht die Baracke mit den beiden zu besichtigenden Räumen. Der vordere Raum, in dem die Hinrichtungen stattfanden, dient als authentischer Gedenkort. Im zweiten Raum ist ein Dokumentationszentrum eingerichtet, das in Texten und Bildern über die Geschichte der Strafanstalt Plötzensee sowie über prominente Opfer informiert.

Unweit des Gefängnisses, am Heckerdamm 230 und 226 in Berlin-Charlottenburg, entstanden nach 1945 zwei Gedenkorte für Opfer des kirchlichen Widerstands: das 1970 eröffnete Evangelische Gemeindezentrum Plötzensee mit dem Bilderzyklus »Plötzenseer Totentanz« von Alfred Hrdlicka sowie die 1963 geweihte katholische Kirche Maria Regina Martyrum.

Museum Blindenwerkstatt Otto Weidt

Vor einigen Jahren zog der Film »Schindlers Liste« weltweit ein Millionenpublikum in seinen Bann, die authentische Geschichte des Fabrikanten Oskar Schindler, der in seinen Betrieben jüdische Arbeiter beschäftigte und sie damit vor der Deportation rettete. Eine Entsprechung findet die Geschichte in einer kleinen Hinterhoffabrik in Berlin, unmittelbar neben den heute so publikumsträchtigen Hackeschen Höfen mit ihren Cafés, Kinos und kulturellen Einrichtungen. Das Haus Rosenthaler Straße 39 ist eines von wenigen bislang unrenovierten Häusern des Viertels; wer seine Schritte in den urigen Hinterhof lenkt, gelangt in das Museum Blindenwerkstatt Otto Weidt im Seitenflügel des Hauses. Hier befand sich seit Anfang der 1940er Jahre eine kleine Manufaktur für Besen und Bürsten, die der Fabrikant Otto Weidt an die Wehrmacht verkaufte. Gefertigt wurden sie von meist blinden jüdischen Mitarbeitern. Weidt schützte seine Arbeiter vor den Nazis, indem er Verstecke für sie organisierte oder durch Bestechungen ihre Deportation verhinderte. Eines der Verstecke lag innerhalb der Fabriketage: ein fensterloser Raum, dessen einziger Zugang durch einen Kleiderschrank getarnt war.

Der einstige Hinrichtungsraum in Plötzensee.

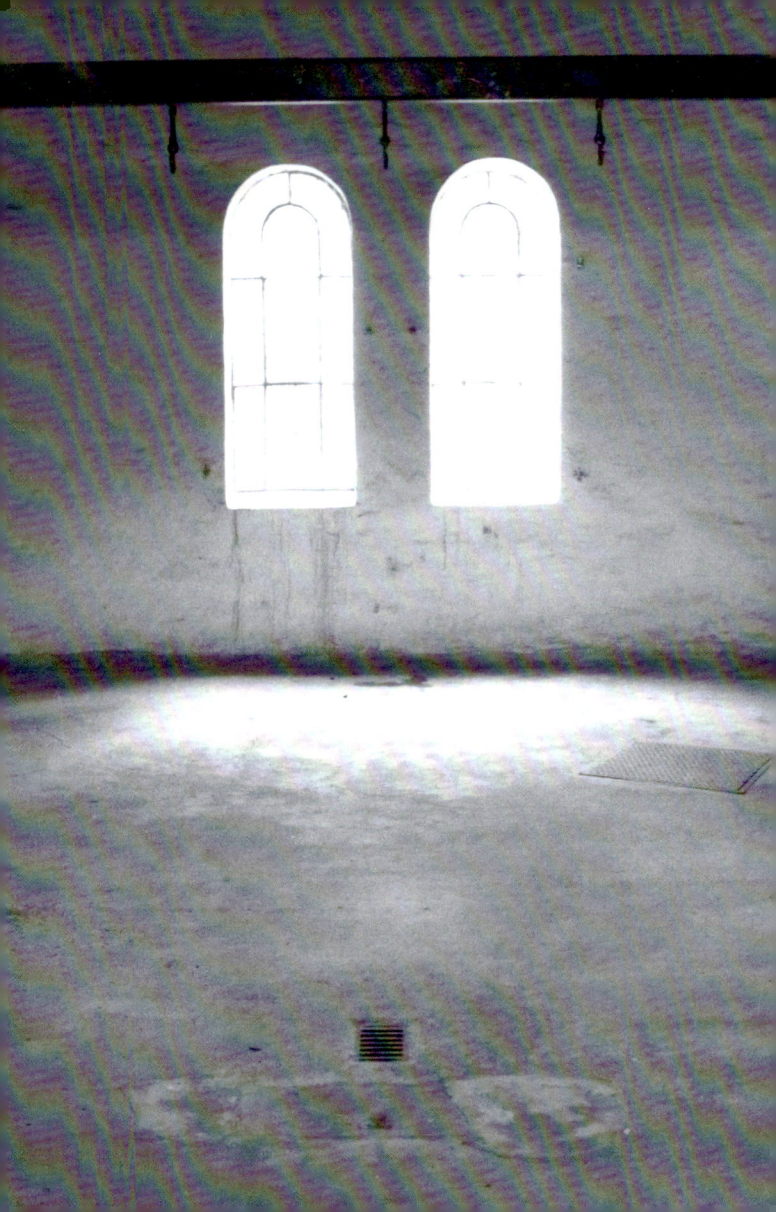

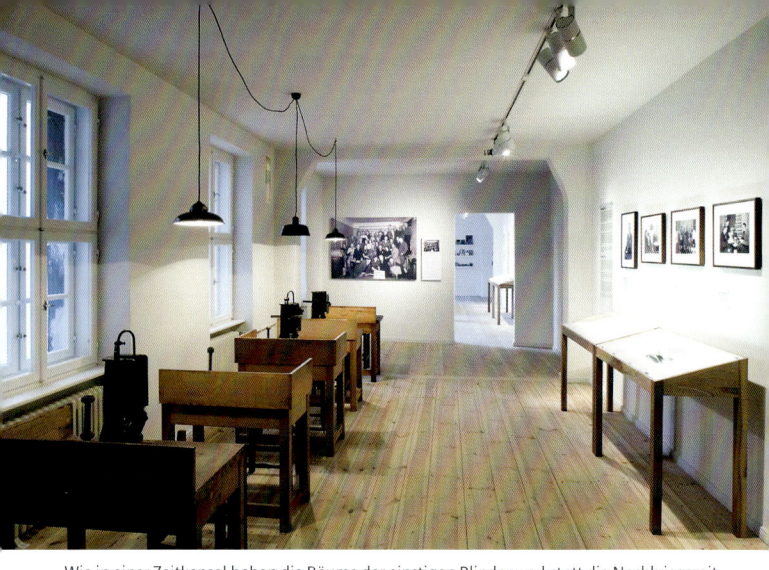

Wie in einer Zeitkapsel haben die Räume der einstigen Blindenwerkstatt die Nachkriegszeit überdauert: Blick in die einstigen Werkstatträume mit historischen Arbeitstischen.

Ohne die Berichte von Überlebenden wäre die Geschichte der Blindenwerkstatt vielleicht nie öffentlich wahrgenommen worden. Bekannt wurde sie vor allem durch die spätere Journalistin Inge Deutschkron, die in ihren Büchern (»Ich trug den gelben Stern«, 1978) von ihrer Arbeit in der Werkstatt erzählte. Auf Deutschkrons Initiative wurde 1993 eine Gedenktafel für Otto Weidt am Haus Rosenthaler Straße 39 eingeweiht. Studierende des Studienganges Museumskunde an der Fachhochschule für Technik und Wirtschaft in Berlin erarbeiteten unter dem Motto »Denk-mal« im Jahr 1998/99 die Ausstellung »Blindes Vertrauen – Versteckt am Hackeschen Markt 1941–1943«.

Sie machten die seit dem Krieg nahezu unverändert erhalten gebliebenen Räume der Bürstenwerkstatt wieder zugänglich und eröffneten damit einen Ort der Erinnerung an den »stillen Helden« Otto Weidt und jene Menschen, denen er half. Im Januar 2001 wurde die Ausstellung »Blindes Vertrauen« zur Dependance des Jüdischen Museums Berlin. Seit April 2005 liegt

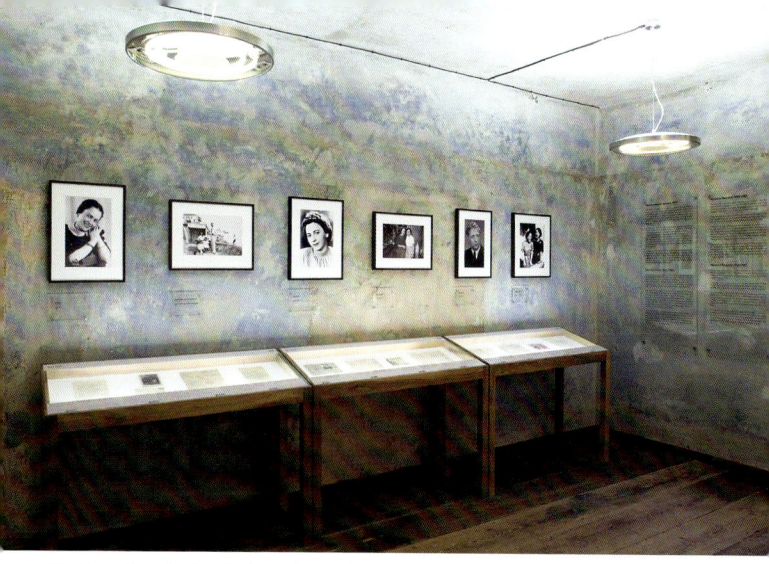

Die Ausstellung in der Blindenwerkstatt widmet sich den Menschen, die durch den Einsatz des Fabrikanten Otto Weidt gerettet wurden.

die fachliche und organisatorische Verantwortung für das Museum Blindenwerkstatt Otto Weidt bei der Gedenkstätte Deutscher Widerstand im Geschäftsbereich der Senatskanzlei – Kulturelle Angelegenheiten.

In der Folgezeit ließ die Gedenkstätte Deutscher Widerstand die Räume denkmalgerecht sanieren, 2006 eröffnete die neue Dauerausstellung. Der Besucher findet einige der authentischen, mit Dielenböden ausgestatteten Räume in ihrem ursprünglichen Zustand vor. Am Ende des Museumsrundgangs kann er einen Blick in den Raum werfen, der einer jüdischen Familie als Versteck diente. Einige der Werkbänke sind ausgestellt, an denen die Arbeiter Bürsten herstellten. An den Wänden dokumentieren Fotos und Schriftstücke das Leben Otto Weidts sowie die Biographien zahlreicher jüdischer Mitarbeiter. Nach dem Zweiten Weltkrieg setzte sich Otto Weidt für die Einrichtung eines jüdischen Waisenhauses und den Bau eines Altersheims für KZ-Überlebende ein. Nach seinem Tod 1947 nahm die Gedenkstätte Yad Vashem in Jerusalem seinen Namen in die Liste der »Gerechten unter den Völ-

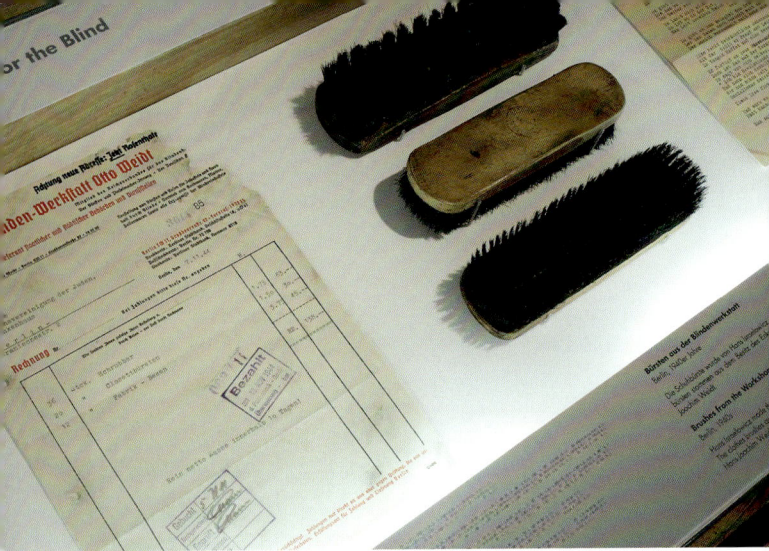

Zu den Exponaten des Museums zählen neben Schautafeln und Dokumenten auch Bürsten, wie sie in der Blindenwerkstatt hergestellt wurden.

kern« auf, in der Menschen verzeichnet sind, die jüdischen NS-Verfolgten Schutz und Hilfe boten.

Im selben Hof wie die einstige Blindenwerkstatt Otto Weidt liegt auch das Anne Frank Zentrum, das sich der Lebensgeschichte und dem Tagebuch des jüdischen Mädchens widmet. Die Ausstellung »Anne Frank. hier & heute« wird ergänzt durch ein pädagogisches Programm, in dessen Rahmen junge Menschen Schulklassen und Jugendgruppen durch die Ausstellung begleiten und die Inhalte im Dialog mit ihnen vermitteln. Im Vordergrund steht dabei der Anspruch, Fragen zum Wesen der Diktatur, nach Freiheit und Unterdrückung in die Gegenwart zu projizieren.

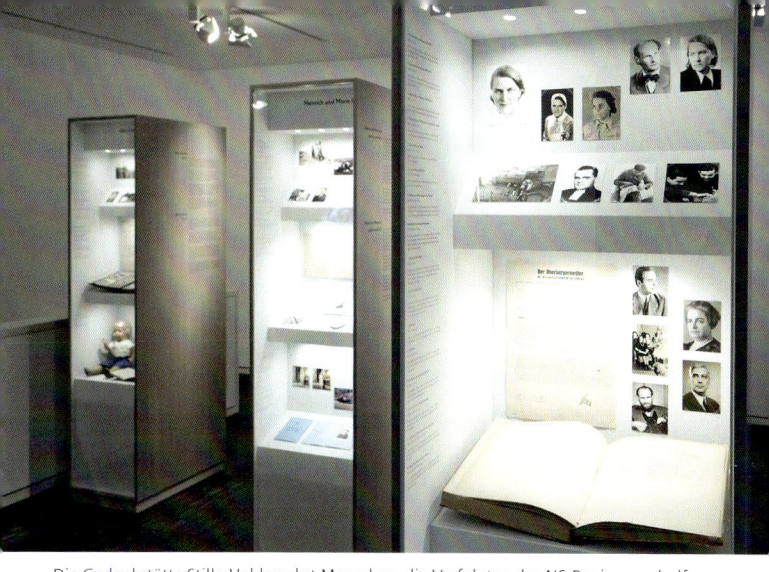

Die Gedenkstätte Stille Helden ehrt Menschen, die Verfolgten des NS-Regimes geholfen haben.

Gedenkstätte Stille Helden

Neben den Hackeschen Höfen, im selben Haus wie das Museum Blindenwerkstatt Otto Weidt, befindet sich die Gedenkstätte Stille Helden. Sie erinnert an Menschen, die jüdische Verfolgte während des »Dritten Reichs« versteckten, ihnen Lebensmittelmarken oder falsche Papiere besorgten und damit vielfach Leben retteten. Die räumliche Nähe der Gedenkstätte zur ehemaligen Blindenwerkstatt ist dabei sinnfällig: Als das Haus Rosenthaler Straße 39 im Jahr 2004 mit Mitteln des Bundes und der Stiftung Klassenlotterie Berlin erworben wurde, sollte in unmittelbarer Nähe der einstigen Blindenwerkstatt zusätzlich ein Ort entstehen, der weit über das Beispiel des Fabrikanten Otto Weidt hinaus den couragierten Helfern ein Denkmal setzt.

Die 2008 eröffnete Gedenkstätte dokumentiert die Taten der »stillen Helden« in Bildern und Texten. Infostelen mit Bildschirm und Kopfhörer stellen interaktiv und in Kurzfilmen einige der meist unbekannten Persönlich-

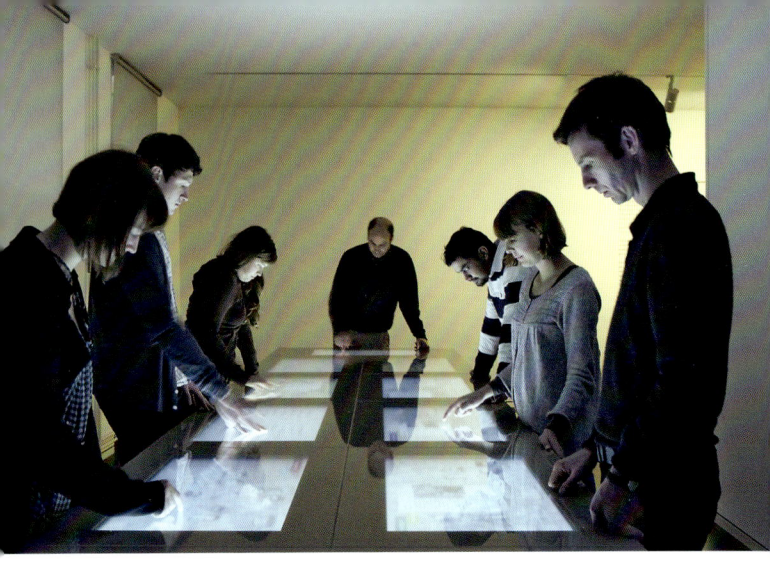

An einem Medientisch kann sich der Besucher in der Gedenkstätte Stille Helden interaktiv zu einzelnen Themen und Persönlichkeiten informieren.

keiten vor. Wichtigster Bestandteil der Gedenkstätte ist eine Multimedia-Datenbank mit den Namen von »stillen Helden«. Das Verzeichnis wurde weiterentwickelt aus einem Forschungsprojekt der Technischen Universität Berlin und ist erheblich umfangreicher als die Liste der »Gerechten unter den Völkern« in der Gedenkstätte Yad Vashem in Jerusalem. Hunderte Personen sind inzwischen dokumentiert. Allein in Deutschland geht man jedoch von mehreren zehntausend Menschen aus, die sich und ihnen Nahestehende in Gefahr brachten, um Verfolgten des NS-Regimes zu helfen.

Doch die Recherche nach den »stillen Helden« ist schwierig: Nach über sechs Jahrzehnten gibt es kaum noch Überlebende. Zudem haben viele Helfer nie über ihr mutiges Handeln gesprochen. Sie verstanden es als ein Gebot der Menschlichkeit, das keine besondere Ehrung verdiente. Dennoch ist hier in Berlin eine vielbeachtete zentrale Gedenkstätte entstanden, die sowohl die Lebensgeschichten der Verfolgten als auch ihrer Helferinnen und Helfer überzeugend darstellt.

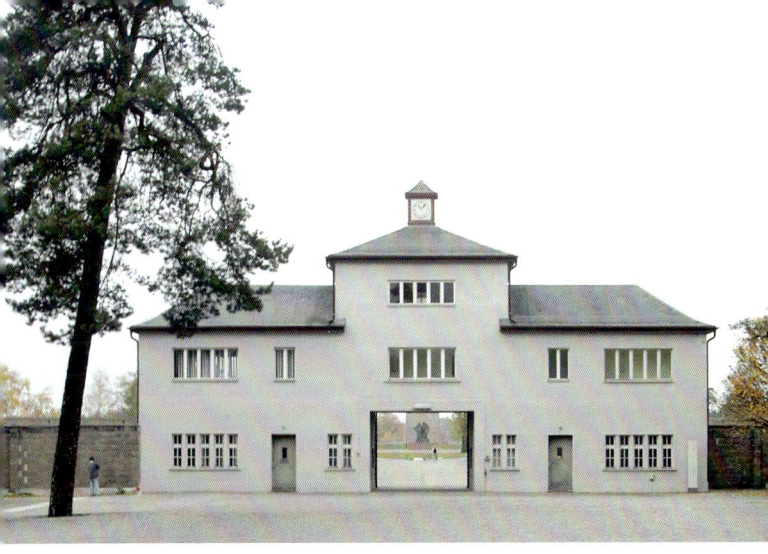

Das Torgebäude zum einstigen Häftlingslager des KZ Sachsenhausen.

Peripherie

Gedenkstätte und Museum Sachsenhausen
Während der Olympischen Spiele 1936 in Berlin bemühte sich das NS-Regime, Deutschland von einer weltoffenen Seite zu zeigen. Zugleich wurden Gegner des Regimes und andere missliebige Personen gezielt weggesperrt, etwa im Konzentrationslager Sachsenhausen bei Oranienburg nördlich von Berlin. Das Lager hatte man während der Olympischen Spiele eingerichtet. 200 000 Menschen waren in der Zeit von 1936 bis 1945 in Sachsenhausen inhaftiert, Zehntausende haben die Lagerhaft nicht überlebt.

Nach Plänen der SS sollte Sachsenhausen ein nach damaligen Begriffen idealtypisches Lager für rund 6000 Inhaftierte werden. Angelegt wurde es auf einem etwa dreieckigen Grundstück am Stadtrand, umgeben von einer 2,60 Meter hohen Mauer mit Wachtürmen und einem elektrisch geladenen Stacheldrahtzaun. Die Häftlingsbaracken waren fächerförmig in vier Reihen angeordnet; so konnten bewaffnete SS-Posten von einem zentralen Wachturm aus das gesamte Areal kontrollieren. An das Häftlingslager schlossen sich der Kommandanturbereich an sowie Werkstätten, Depots und ein ausgedehntes Truppenlager zur Schulung der SS-Wachtruppe. Außerdem entstanden Wohnsiedlungen für SS-Offiziere sowie nach 1939 zahlreiche militärische Versorgungseinrichtungen der SS, in denen Häftlinge Zwangsarbeit leisteten. Bereits 1938 begann der Aufbau einer Großziegelei, wo KZ-Häftlinge Ziegelsteine für die Monumentalbauten der künftigen »Welthauptstadt Germania« produzieren mussten. Im August 1938 wurde die »Inspektion der Konzentrationslager« von Berlin in ein neues Dienstgebäude innerhalb des KZ Komplexes verlegt. Als Sitz der zentralen Verwaltung sowie der Führung der SS-Totenkopfverbände bildete das KZ Sachsenhausen das Zentrum des gesamten KZ-Systems. Bei Kriegsende nahm der Komplex des Lagers mit zugehörigen Bauten und Anlagen etwa ein Drittel der Fläche der Stadt ein.

Sachsenhausen diente als »Schutzhaftlager«, in das die Gestapo politische Gegner des nationalsozialistischen Regimes einlieferte, aber auch Menschen, die aus sozialen, biologischen und rassischen Gründen verfolgt wurden. Die »Schutzhaft« war ein Instrument der Willkür, mit dem auch »Gewohnheitsverbrecher«, als »Asoziale« oder »Arbeitsscheue« bezeichnete Menschen im KZ interniert werden konnten. Jüdische Mitbürger, Homosexuelle, Sinti und Roma, Zeugen Jehovas waren ebenso unter den Häftlingen wie einige Widerständler des 20. Juli 1944, darunter Hans von Dohnanyi. Nach Kriegsbeginn kamen zehntausende Menschen aus von der Wehrmacht besetzten Ländern Europas nach Sachsenhausen. Im Spätsommer 1941 ermordete die SS im KZ Sachsenhausen innerhalb weniger Wochen mehr als 10 000 sowjetische Kriegsgefangene.

Nach Kriegsende und Auflösung des Konzentrationslagers richtete der sowjetische Geheimdienst NKWD auf einem Teil des Geländes eines von zehn sogenannten »Speziallagern« in der sowjetischen Besatzungszone ein. In den Baracken internierte die sowjetische Besatzungsmacht Funktionsträger des

Gedenkstätte und Museum Sachsenhausen: Blick auf den Eingangsbereich, im Hintergrund die Lagermauer mit Wachturm.

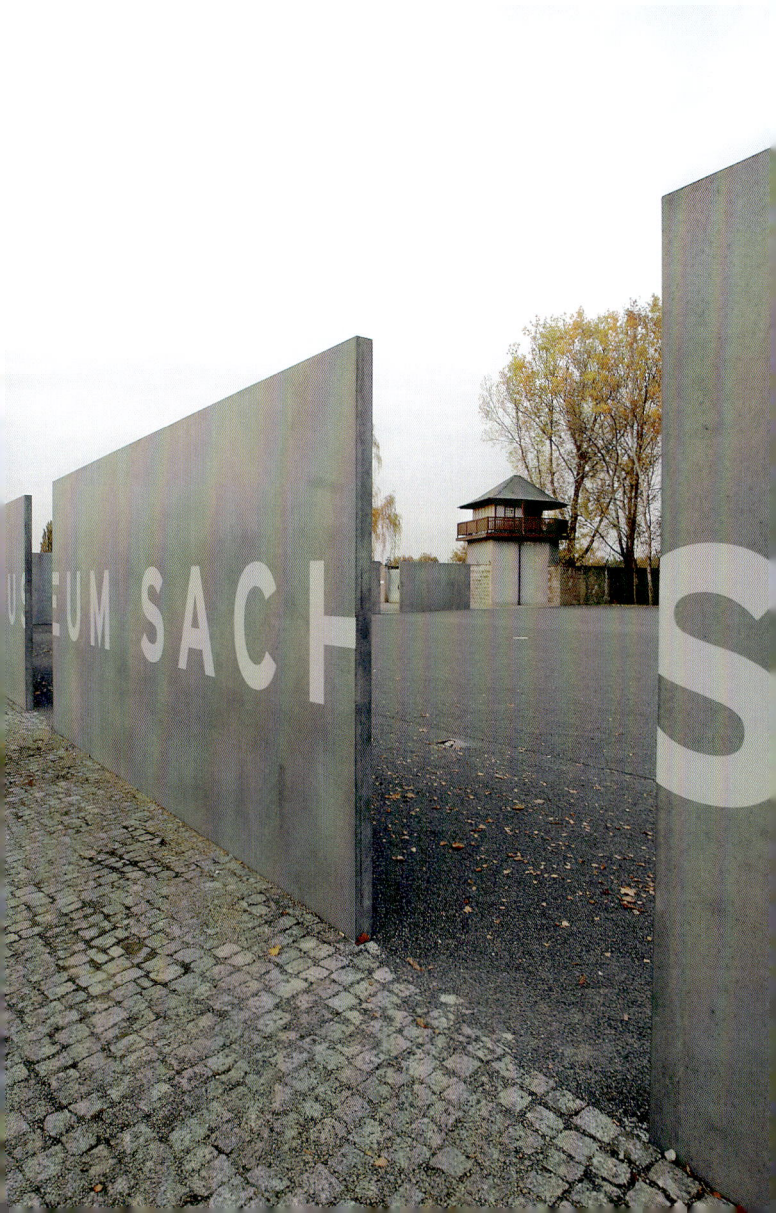

NS-Staates, der NSDAP und ihrer Gliederungen sowie Angehörige von Polizeibataillonen und KZ-Wachmannschaften, aber auch vermeintliche politische Gegner der sowjetischen Besatzungspolitik, willkürlich Verhaftete, in Schauprozessen Verurteilte, Offiziere der Wehrmacht und Bürger ausländischer Staaten.

Nach mehrjähriger militärischer Nutzung des Areals begann die DDR 1957 mit dem Aufbau der »Nationalen Mahn- und Gedenkstätte Sachsenhausen«. Die jüngere Vergangenheit als sowjetisches Speziallager wurde dabei ausgeklammert. Bei der Einrichtung der Gedenkstätte beseitigten die Planer zahlreiche authentische Bauten des einstigen Konzentrationslagers zugunsten einer künstlerischen Überformung. Im ehemaligen Häftlingslager entstand eine halbkreisförmige Mauer mit kreuzförmigen Aussparungen und angedeuteten Silhouetten der Baracken. Deren Standorte markierten nun Steinblöcke, die an Grabsteine erinnern. Im Zentrum des einstigen Häftlingslagers wurde ein Obelisk aus Beton aufgestellt, davor die Skulptur »Befreiung« von René Graetz. 18 rote Dreiecke an dem Obelisk erinnern an KZ-Häftlinge aus 18 europäischen Nationen. Der Schwerpunkt des Gedenkens lag zur DDR-Zeit auf dem kommunistischen Widerstand – das rote Dreieck war das Zeichen, das die politischen Häftlinge im KZ tragen mussten. Für eine Ausstellung zur Geschichte des KZ entstand auf dem Vorplatz des Häftlingslagers das sogenannte Neue Museum mit dem großen, dreiteiligen Glasfenster »Internationaler Widerstandskampf gegen den Faschismus« von Walter Womacka.

Seit 1993 ist die »Gedenkstätte und Museum Sachsenhausen« Teil der Stiftung Brandenburgische Gedenkstätten. Die Besichtigung des einstigen Konzentrationslagers beginnt im Besucherzentrum, in dem ein Modell den Überblick über das Lager und die zugehörigen Bauten in unmittelbarer Umgebung ermöglicht. Auf der historischen Lagerstraße gelangt man zum Eingang des Häftlingslagers, hinter dem das einstige Kommandantenhaus sowie das zu DDR-Zeit entstandene Neue Museum mit Ausstellungen zum KZ Oranienburg (1933/34) und zur Geschichte der Gedenkstätte liegen. Von hier

Das Innere der Baracke 38 vermittelt einen Eindruck vom einstigen Alltag der Lagerinsassen. Im angrenzenden Raum die Ausstellung »Jüdische Häftlinge im KZ Sachsenhausen«.

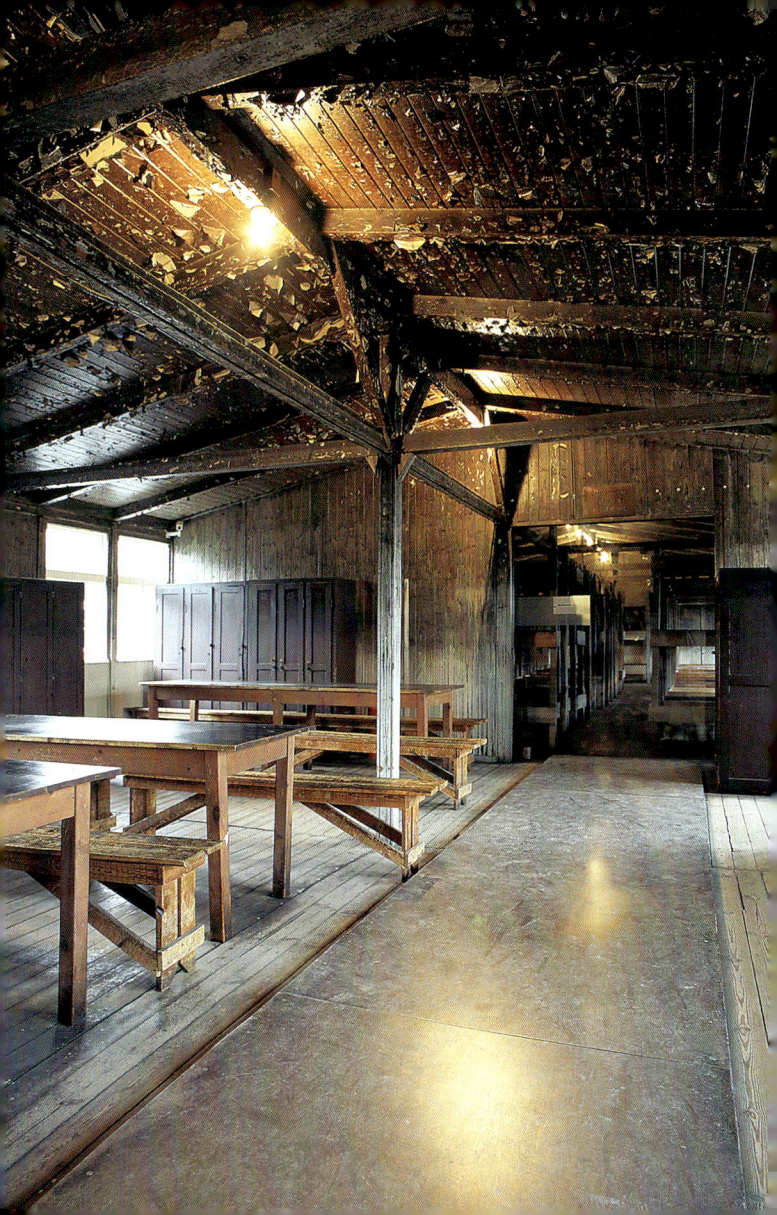

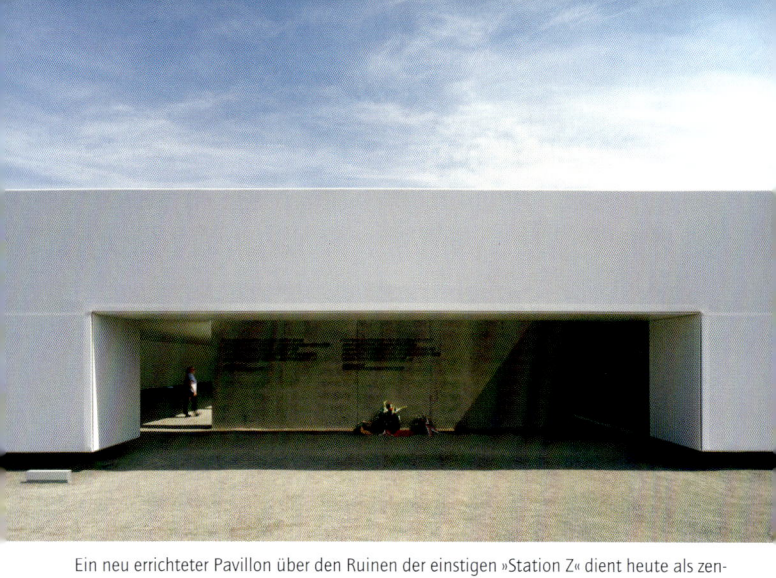

Ein neu errichteter Pavillon über den Ruinen der einstigen »Station Z« dient heute als zentraler Gedenkort des Konzentrationslagers Sachsenhausen.

fällt der Blick unwillkürlich auf das Eingangsgebäude zum einstigen Häftlingsbereich, das zugleich als zentral gelegener Wachturm diente. Das Tor ist durch ein Eisengitter mit der zynischen Inschrift »Arbeit macht frei« verschließbar.

Über den halbkreisförmigen Appellplatz, auf dem auch Hinrichtungen stattfanden, blickt man auf die Ringmauer mit Andeutungen der einstigen Barackenumrisse. Zu den wenigen noch vorhandenen Baracken zählen unter anderem die einstige Häftlingswäscherei, die Häftlingsküche, die Krankenbaracken und eine Pathologie mit Leichenkeller. Erhalten ist auch ein Teil des ehemaligen Zellenbaus, einem Sondergefängnis der Gestapo und Arrestbau des Lagers, in dem Häftlinge gefoltert und ermordet wurden. Vorhanden sind auch die »jüdischen Baracken« 38 und 39 im Kleinen Lager.

Außerhalb der Mauern des Häftlingslagers, im Anschluss an einen der Wachtürme, liegt ein umzäuntes, rechteckiges Areal mit steinernen Baracken. Dieses ehemalige KZ-Sonderlager, zu dem auch Einfamilienhäuser gehörten,

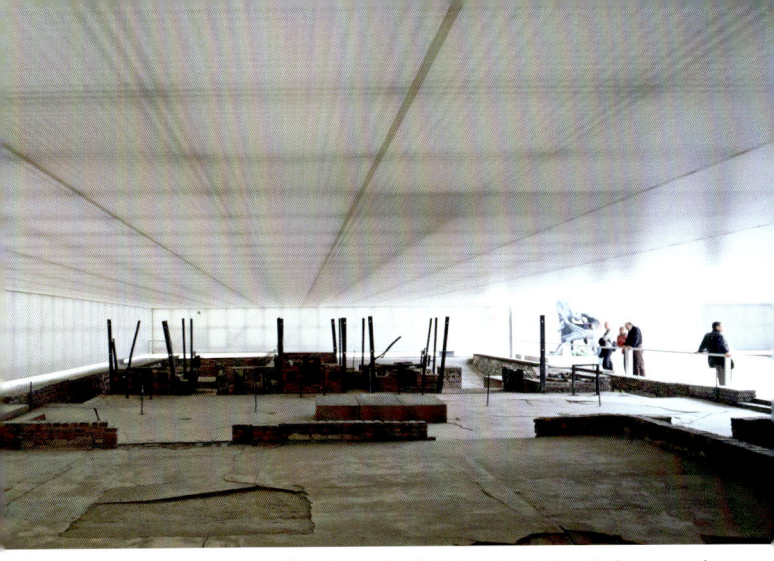

Die leichte Konstruktion des Pavillons konserviert die Ruinen der einstigen Gaskammer und Verbrennungsöfen der »Station Z«.

entstand für kriegsgefangene Offiziere und prominente Häftlinge, darunter Regierungschefs und Minister okkupierter Staaten. Ein auf diesem Gelände neu errichteter Pavillon beherbergt das Museum »Sowjetisches Speziallager«, das sich der Nutzung von Sachsenhausen unmittelbar nach dem Zweiten Weltkrieg widmet. Ebenfalls außerhalb der Mauern des eigentlichen Häftlingslagers liegt die ehemalige »Station Z«. Hier befanden sich eine Genickschussanlage sowie eine als Bad getarnte Gaskammer und ein Krematorium mit vier Verbrennungsöfen. Trotz tausendfacher Morde war Sachsenhausen jedoch kein Vernichtungslager, das auf fabrikmäßig betriebenen Massenmord ausgelegt war wie etwa Auschwitz-Birkenau.

Besucher können das weitläufige Areal des einstigen Konzentrationslagers im Rahmen von Führungen oder individuell erkunden. Verteilt über das gesamte Gelände bieten 13 Dauerausstellungen die Möglichkeit, sich mit unterschiedlichen Aspekten eingehender zu beschäftigen; so dokumentiert eine Schau den Lageralltag mit persönlichen Gegenständen und Dokumenten von

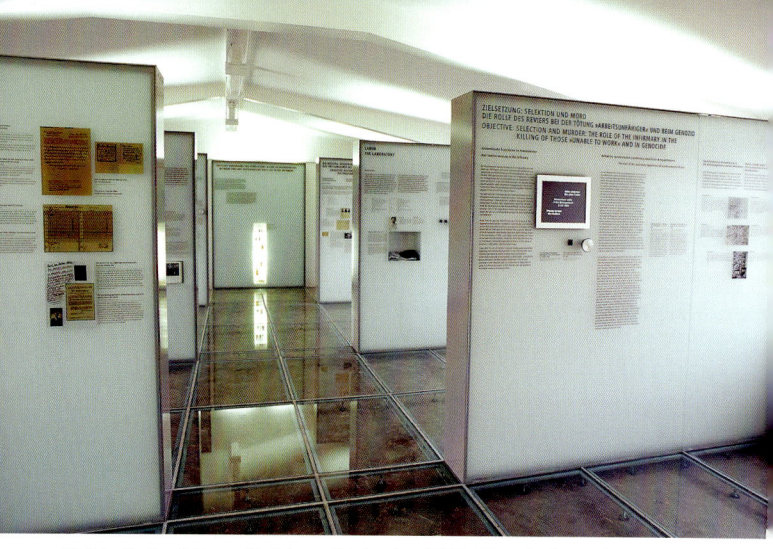

Blick in die Ausstellung »Medizin und Verbrechen 1936–1945« in den original erhaltenen Baracken des ehemaligen Krankenreviers des KZ Sachsenhausen.

Häftlingen. Aufgaben der Gedenkstätte Sachsenhausen sind der Erhalt des einstigen Konzentrationslagers sowie Forschung, Dokumentation und Vermittlung.

Eine zentrale Herausforderung ist der Umgang mit den Überformungen und Ergänzungen der Nachkriegszeit. Historie und Topographie des Konzentrationslagers sollen erfahrbar sein, deshalb werden bauliche Spuren gesichert und einstige Standorte von Gebäuden teils durch Markierungen im Boden gekennzeichnet. Die jahrzehntelang tabuisierte Geschichte des sowjetischen Speziallagers wird aufgearbeitet, ohne dabei die NS-Vergangenheit von Sachsenhausen zu relativieren oder umgekehrt.

Die Erforschung und Aufarbeitung kann noch lange nicht als abgeschlossen gelten: Erst vor wenigen Jahren entdeckte man im Bereich der »Station Z« riesige Gruben mit Menschenasche. Die Fundstellen sind nun als Grabanlagen gekennzeichnet.

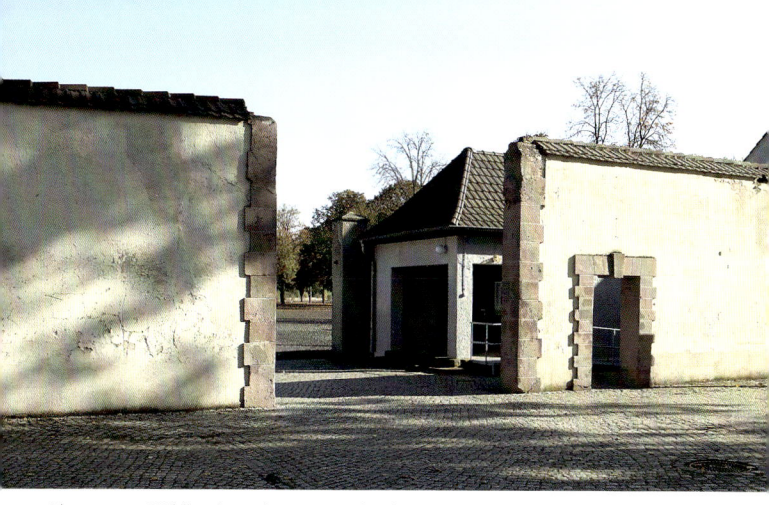

Eingang zum Häftlingslager des KZ Ravensbrück.

Mahn- und Gedenkstätte Ravensbrück

Nördlich von Berlin, nahe der Stadt Fürstenberg an der Havel, ließ die SS 1939 das größte Frauenkonzentrationslager auf deutschem Gebiet errichten. Während des Zweiten Weltkriegs sind etwa 132 000 Frauen und Kinder, 20 000 Männer und 1000 weibliche Jugendliche des angrenzenden »Jugendschutzlagers Uckermark« als Häftlinge registriert worden.

Die nach Ravensbrück Deportierten stammten aus über vierzig Nationen, unter ihnen Juden, Sinti und Roma, politische Häftlinge, Kriegsgefangene sowie als kriminell oder »asozial« Verfolgte.

Zehntausende wurden ermordet, starben an Hunger, Krankheiten oder durch medizinische Experimente. Bis Kriegsende erfuhr das Lager mehrere bauliche Erweiterungen, unter anderem durch ein Männerlager.

Die Insassen von Ravensbrück mussten Zwangsarbeit leisten, Produktionsstätten für traditionelle Frauenarbeiten wie Schneidern, Weben und Flechten befanden sich auf dem Lagergelände. In unmittelbarer Nähe errich-

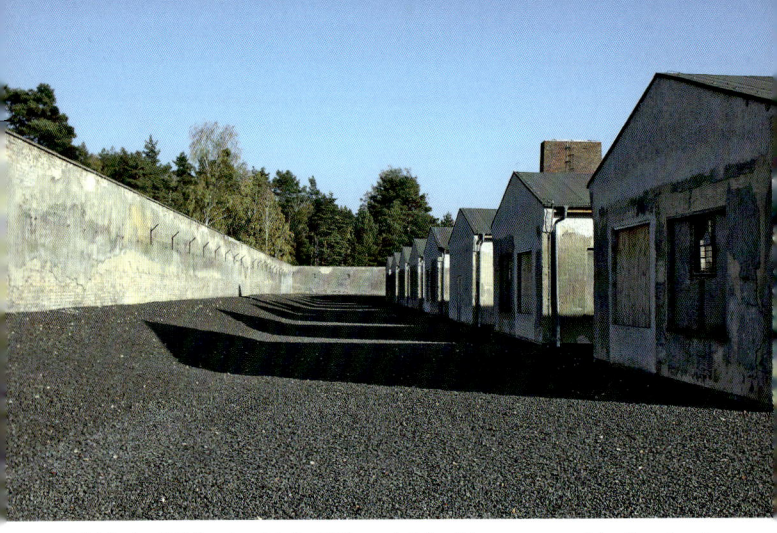

Blick in den Häftlingsbereich des KZ Ravensbrück mit Lagermauer und den Baracken der »Mechanischen Werkstätten«, die unter anderem die Schneiderei beherbergten.

tete die Firma Siemens & Halske mehrere Werkhallen, in denen ebenfalls Lagerhäftlinge zur Arbeit herangezogen wurden. Unter dem Eindruck der näher rückenden Roten Armee ließ der Lagerkommandant gegen Kriegsende über 20 000 Häftlinge in mehreren Marschkolonnen in Richtung Nordwesten treiben. Am 30. April 1945 befreite die Rote Armee das Konzentrationslager Ravensbrück mit den etwa 2000 dort zurückgelassenen Kranken.

Ein Rundgang durch die Mahn- und Gedenkstätte Ravensbrück beginnt im Besucherzentrum. Hier vermittelt ein Modell des einstigen KZ einen ersten topographischen Überblick. Viele der einstigen Lagerbauten sind nicht erhalten, doch ihre Standorte sind im Bodenbelag markiert, so dass räumliche und funktionale Zusammenhänge erkennbar werden. Um einen zentral gelegenen Appellplatz gruppierten sich Häftlingsbaracken, Wirtschaftsgebäude, Waschhaus, SS-Kantine und Krematorium.

Bereits 1959 wurde die »Nationale Mahn- und Gedenkstätte Ravensbrück« unmittelbar außerhalb der einstigen Lagermauer eröffnet, das ei-

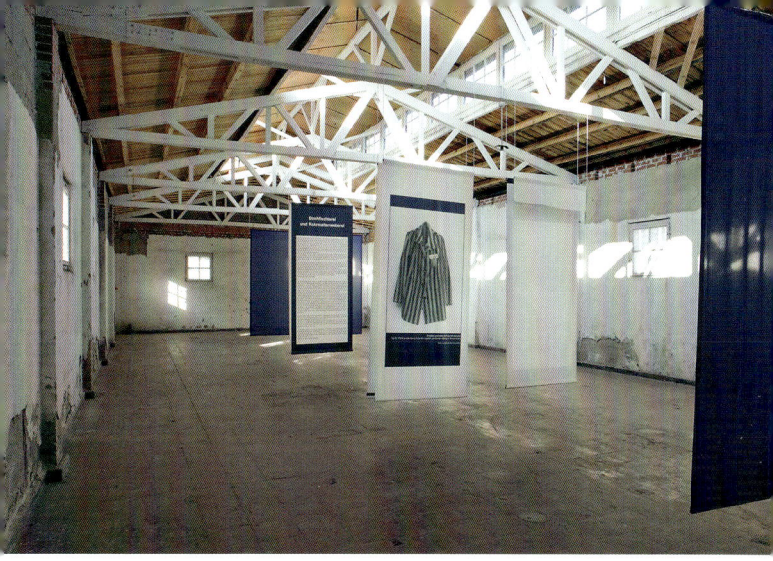
Eine der Ausstellungen im ehemaligen KZ Ravensbrück widmet sich dem Thema Zwangsarbeit der Lagerinsassen.

gentliche Areal des KZ diente bis 1994 als Standort der sowjetischen bzw. GUS-Streitkräfte und war nicht zugänglich.

Nach Abzug des Militärs begannen umfangreiche Sicherungs- und Restaurierungsarbeiten an den erhaltenen Gebäuden. Heute informieren Dauerausstellungen in der einstigen Kommandantur über die Geschichte des Konzentrationslagers, über Herkunft und Biographien der Inhaftierten, den Lageralltag und die vielfältige Verflechtung des Lagers Ravensbrück mit seinem Umfeld.

Im ehemaligen Zellenbau sind Gedenkräume eingerichtet, die an einzelne Gruppen von Lagerinsassen erinnern. Zwei weitere Ausstellungen thematisieren das weibliche und männliche SS-Personal. In den ehemaligen Wohnhäusern der SS-Aufseherinnen befindet sich die Jugendherberge – Internationale Jugendbegegnungsstätte Ravensbrück.

① **TOPOGRAPHIE DES TERRORS**
Niederkirchnerstraße 8, 10963 Berlin
Tel. +49 (0)30–25 45 09–50
Fax +49 (0)30–25 45 09–55
ausstellung@topographie.de
www.topographie.de

Öffnungszeiten
Dokumentationszentrum
täglich 10 – 20 Uhr
Ausstellungen im Freien
täglich 10 – 20 Uhr
bzw. bis Einbruch der Dunkelheit

S/U-Bahnhof Potsdamer Platz
S-Bahnhof Anhalter Bahnhof
U-Bahnhof Kochstraße

② **DENKMAL FÜR DIE ERMORDETEN JUDEN EUROPAS**
Cora-Berliner-Straße 1, 10117 Berlin
Tel. +49 (0)30–26 39 43–36
Fax +49 (0)30–26 39 43–21
besucherservice@stiftung-denkmal.de
www.holocaust-mahnmal.de

Öffnungszeiten
Stelenfeld jederzeit zugänglich
Ort der Information:
Oktober bis März 10 –19 Uhr
(letzter Einlass 18.15 Uhr)
April bis September 10 – 20 Uhr
(letzter Einlass 19.15 Uhr)
Eintritt frei

S/U-Bahnhof Brandenburger Tor
S/U-Bahnhof Potsdamer Platz

③ **HAUS DER WANNSEE-KONFERENZ**
Am Großen Wannsee 56–58, 14109 Berlin
Tel. +49 (0)30–80 50 01 0
Fax +49 (0)30–80 50 01 27
secretariat@ghwk.de
www.ghwk.de

Öffnungszeiten
Dauerausstellung täglich 10–18 Uhr
Eintritt frei

S-Bahnhof Wannsee
Bus 114

④ **MAHNMAL GLEIS 17**
Am Bahnhof Grunewald, 14193 Berlin

S-Bahnhof Grunewald

⑤ **JÜDISCHES MUSEUM BERLIN**
HOLOCAUST-TURM / GARTEN DES EXILS
Lindenstraße 9–14, 10969 Berlin
Tel. +49 (0)30–259 93 300
Fax +49 (0)30–259 93 409
info@jmberlin.de
fuehrungen@jmberlin.de
www.jmberlin.de

Öffnungszeiten
Mo 10 – 22 Uhr
Di bis So 10 – 20 Uhr
Eintritt: 5,– € ermäßigt 2,50 €

U-Bahnhof Hallesches Tor
U-Bahnhof Kochstraße
Bus M29, M41, 248

⑥ **DOKUMENTATIONSZENTRUM NS-ZWANGSARBEIT BERLIN-SCHÖNEWEIDE**
Britzer Straße 5, 12439 Berlin
Tel. +49 (0)30–6390 288–0
Fax +49 (0)30–6390 288–29
schoeneweide@topographie.de
www.dz-ns-zwangsarbeit.de

Öffnungszeiten
Di bis So 10 –18 Uhr
Schließtage: 24. und 31. Dezember / 1. Januar
Eintritt frei / Führungen auf Anfrage

S-Bahnhof Schöneweide (ca. 10 Minuten zu Fuß)
Bus 160, 167 (Haltestelle Britzer Straße)

⑦ **GEDENKSTÄTTE DEUTSCHER WIDERSTAND**
Stauffenbergstraße 13–14
Eingang über den Ehrenhof
10785 Berlin
Tel. +49 (0)30–26 99 50–00
Fax +49 (0)30–26 99 50–10
sekretariat@gdw-berlin.de
www.gdw-berlin.de

Öffnungszeiten
Mo bis Mi und Fr 9 –18 Uhr
Do 9 –20 Uhr
Sa, So, Feiertags 10 –18 Uhr
Eintritt frei
(kostenlose Führungen nach Anmeldung)
Öffentliche Führungen jeden Sonnabend
und jeden Sonntag 15 Uhr

U-Bahnhof Kurfürstenstraße
S/U-Bahnhof Potsdamer Platz
Bus M29, M48

⑧ Gedenkstätte Plötzensee
Stiftung Gedenkstätte
Deutscher Widerstand
Hüttigpfad, 13627 Berlin
sekretariat@gdw-berlin.de
www.gedenkstaette-ploetzensee.de

Öffnungszeiten
März bis Oktober   täglich 9 – 17 Uhr
November bis Februar   täglich 9 – 16 Uhr
Eintritt frei
Der Ort dient dem stillen Gedenken.
Führungen finden nicht statt.

U-Bahnhof Turmstraße
S-Bahnhof Beusselstraße
Bus 123

⑨ Museum Blindenwerkstatt Otto Weidt
Stiftung Gedenkstätte
Deutscher Widerstand
Rosenthaler Straße 39
10178 Berlin
Erster Hof, linker Aufgang
Tel. +49 (0)30-285 99 407
Fax +49 (0)30-257 62 614
info@museum-blindenwerkstatt.de
www.museum-blindenwerkstatt.de

Öffnungszeiten
täglich   10 – 20 Uhr
Eintritt frei, Führungen nach Anmeldung

S-Bahnhof Hackescher Markt
U-Bahnhof Weinmeisterstraße

⑩ Gedenkstätte Stille Helden
Stiftung Gedenkstätte
Deutscher Widerstand
Rosenthaler Straße 39, 10178 Berlin
Tel. +49 (0)30-234579-29
Fax +49 (0)30-234579-39
kosmala@gdw-berlin.de
schieb@gdw-berlin.de
www.gedenkstaette-stille-helden.de

Öffnungszeiten
täglich   10 – 20 Uhr
Geschlossen am 24. Dezember
Eintritt frei

S-Bahnhof Hackescher Markt
U-Bahnhof Weinmeisterstraße

⑪ Mahn- und Gedenkstätte Sachsenhausen
Stiftung Brandenburgische Gedenkstätten
Straße der Nationen 22, 16515 Oranienburg
Tel. +49 (0)3301-200-0
Besucherdienst/Anmeldung:
Tel. +49 (0)3301-200-200
Fax +49 (0)3301-200-201
besucherdienst@gedenkstaette-sachsenhausen.de
www.gedenkstaette-sachsenhausen.de

Öffnungszeiten
15. März bis 14. Oktober: täglich 8.30–18.00 Uhr
15. Oktober bis 14. März: täglich 8.30–16.30 Uhr
Eintritt frei

Anreise
Bahn: S-Bahn-Linie S 1 (Wannsee-Oranienburg) oder RE 5, RB 12 bis Bahnhof Oranienburg (stündlich); Buslinie 804 (stündlich) Richtung Malz bis zur Gedenkstätte vom Bahnhofsvorplatz oder ausgeschilderter Fußweg (20 Min.)
PKW/Bus: Auf der Stadtautobahn A 111 Richtung Hamburg; am Oranienburger Kreuz auf die A 10 (Berliner Ring) in Richtung Prenzlau bis Abfahrt Birkenwerder; auf der B 96 bis Oranienburg und auf der ausgeschilderten Strecke zur Gedenkstätte.

⑫ Mahn- und Gedenkstätte Ravensbrück
Stiftung Brandenburgische Gedenkstätten
Straße der Nationen
16798 Fürstenberg/Havel
Tel. +49 (0)33093-608-0
Fax +49 (0)33093-608-29
info@ravensbrueck.de
www.ravensbrueck.de

Öffnungszeiten
Ausstellungen/Besucherzentrum
Oktober bis April: Di – So 9–17 Uhr
Mai bis September: Di – So 9–18 Uhr
Montags, 24.– 26.12., 31.12. und 01.01. geschlossen
Außengelände
Oktober bis April: täglich 9–17 Uhr
Mai bis September: täglich 9–20 Uhr
Gruppenanmeldung
Tel. +49 (0)33093-603-85
paedagogik@ravensbrueck.de

Anreise
Bahn: Der RE 5 fährt stündlich Berlin – Fürstenberg/Havel – Stralsund/Rostock.
Vom Bahnhof Fürstenberg zur Gedenkstätte geht man einen 25-minütigen Fußweg oder fährt mit dem Taxi.
Auto: Fürstenberg/Havel liegt ca. 80 km nördlich von Berlin an der B 96 Berlin – Stralsund; ab Fürstenberg ist der Weg ausgeschildert.

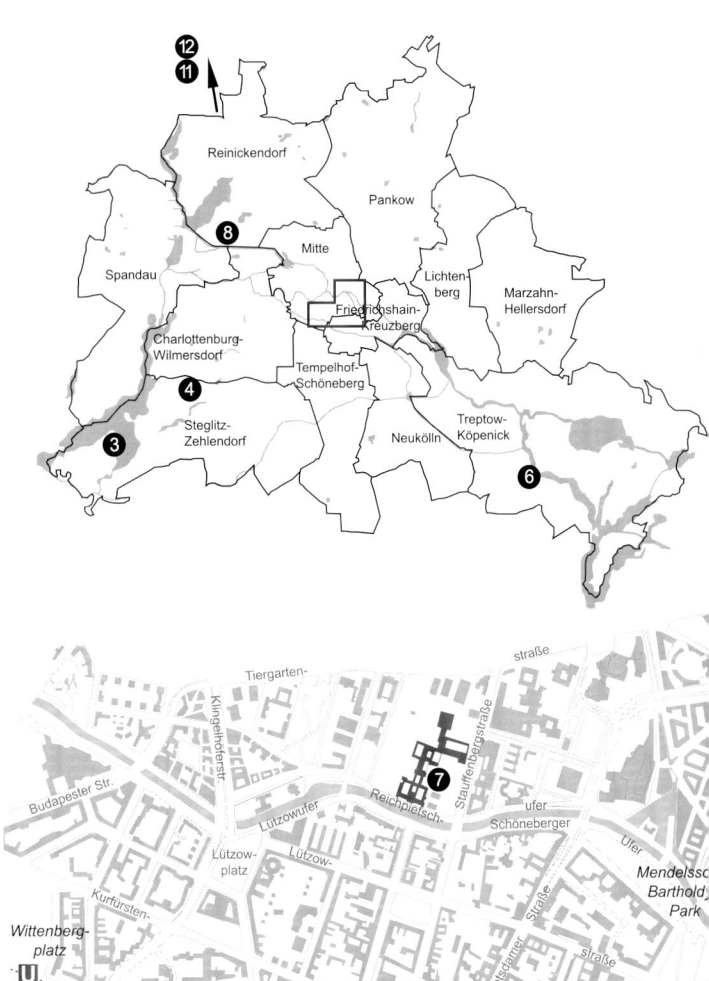

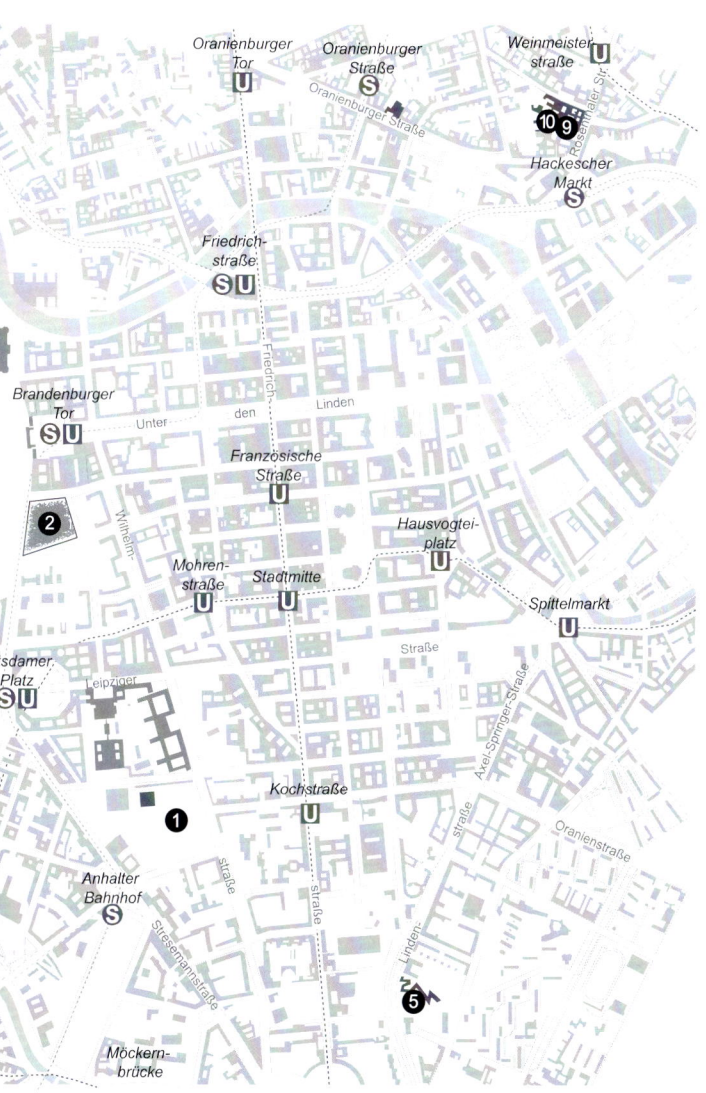

ORTE DER ERINNERUNG 1933–1945

Gedenkstätten, Dokumentationszentren und Museen zur Geschichte der nationalsozialistischen Diktatur in Berlin und Brandenburg

Denkmal für die ermordeten Juden Europas
www.stiftung-denkmal.de

Deutsch-Russisches Museum Berlin-Karlshorst
www.museum-karlshorst.de

Dokumentationsstelle Brandenburg
www.stiftung-bg.de

Dokumentationszentrum NS-Zwangsarbeit Berlin-Schöneweide
www.topographie.de/schoeneweide

Gedenk- und Bildungsstätte Haus der Wannsee-Konferenz
www.ghwk.de

Gedenkstätte Deutscher Widerstand
www.gdw.de

Gedenkstätte Plötzensee
www.gedenkstaette-ploetzensee.de

Gedenkstätte Stille Helden
www.gedenkstaette-stille-helden.de

Gedenkstätte und Museum Sachsenhausen
www.gedenkstaette-sachsenhausen.de

Mahn- und Gedenkstätte Ravensbrück
www.ravensbrueck.de

Museum Blindenwerkstatt Otto Weidt
www.museum-blindenwerkstatt.de

Museum des Todesmarsches Below
www.stiftung-bg.de

Neue Synagoge Berlin – Centrum Judaicum
www.cjudaicum.de

Topographie des Terrors
www.topographie.de

Weitere Informationen, Links und Adressen unter:
www.orte-der-erinnerung.de

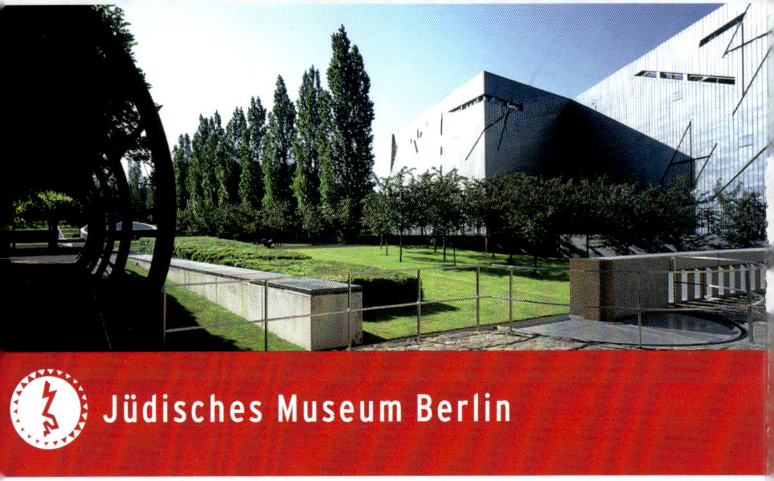

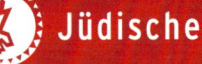

Jüdisches Museum Berlin

DIENSTAG – SONNTAG 10–20 UHR

MONTAGS IMMER BIS 22 UHR

Lindenstr. 9-14, 10969 Berlin
Tel. +49 (0)30 25993 300
info@jmberlin.de
WWW.JMBERLIN.DE